心意拳内功修炼

马琳璋　著

人民体育出版社

图书在版编目（CIP）数据

心意拳内功修炼 / 马琳璋著. -- 北京：人民体育出版社, 2017（2021.6重印）
ISBN 978-7-5009-5217-6

Ⅰ. ①心… Ⅱ. ①马… Ⅲ. ①心意拳—研究
Ⅳ. ①G852.14

中国版本图书馆CIP数据核字(2017)第193751号

*

人 民 体 育 出 版 社 出 版 发 行
环球东方（北京）印务有限公司印刷
新 华 书 店 经 销

*

880 × 1230　32 开本　6.5 印张　103 千字
2018 年 5 月第 1 版　　2021 年 6 月第 3 次印刷
印数：6,001—7,500 册

*

ISBN 978-7-5009-5217-6
定价：29.00元

社址：北京市东城区体育馆路 8 号（天坛公园东门）
电话：67151482（发行部）　　邮编：100061
传真：67151483　　邮购：67118491
网址：www.sportspublish.cn

自 序

人在世界上，有谁不愿意健康长寿呢？延年益寿，是人人都愿意享受的。俗话说：“彭祖活了800年，不够陈抟一觉眠。”看来彭祖、陈抟均长生有术，为长寿之人，只是难得其术学习而已。

本人从小就热爱武术，多年来多方求之，受益颇多。除自己练习心意六合拳以外，也常常读《黄帝内经》等书，颇受启迪。所以在练武之余，也多向养生方面探讨。

心意拳中有内功，常常修炼可以帮助长生。本门师伯、师叔辈中，仅上海市年龄已经超过90岁以上者达7人。有一位师伯今年已经95岁，仍然红光满面，身体健康，精神矍铄。而回顾历史，在前辈中有因练心意拳术其寿享高达119岁者。为此，本人愿将心意拳术中有关内功修炼的部分和延年益寿的式子综合起来，辑录成册，以供愿意养生长寿的人参考。在此将此书献给大家，使大家都能够健康长寿并造福人类。

希望更多的人养练是术，潜心苦修，常年坚持，矢志不渝，使人人能够颐养天年，能够健康、快乐地度过一生。这是我最大的愿望，也是我撰写这部书稿的目的。

马琳璋

2017年初冬于淮上

内容简介

心意拳是中华武术众多拳术中的瑰宝，而心意拳内功修炼又是拳术中的重中之重，它是拳术的核心和本质。心意拳的内功修炼不论是对于实战搏击还是人体的健康长寿，都有着不可估量的作用。

心意拳讲究“运用之妙，存乎一心”。《心意拳谱》中也讲到：“心到意到，意到气到，气到力到。”因此，我们说心意在修炼中的作用是强大的。

心意拳是内外兼修、内外兼顾的拳术，它的技击作用已被广大练习者所体悟，但其内功及养生作用却很少人谈及、明示。实际上，心意拳是一门内涵很深的拳种。要研究好心意拳，须把它的内在意涵挖掘出来。中国的心意拳里有一种“神奇”的力量，不可言传，只有练者自己能够体会出来。所谓“内”，就是指心意拳的内功、内劲、内气、内力，就是指心意拳真精、元神、真阳的扶持和培植。所谓“外”，就是指心意拳的伸筋腾膜、松筋拔骨、骨节齐鸣，令人身体健康、灵活有力。

心意拳的内功就是丹田功，也就是意守丹田、气沉丹田、养气蓄力。“意守丹田”是心意拳内壮的主要修炼方法。但是意守丹田是不容易静下来的，古人说“心猿意马最难收”。所以要练功入静，就得克服杂念丛生。心意拳是动功，练的是猴形、马形等十大真形。练起来，浑身一动无不动，却要在动中求静，在动中运气于丹田，这样坚持长期的锻炼，就能达到丹田气足的内壮目的。这种以意化形、以形炼意的锻炼，不但丹田气足，以意领气，以气引力，精、气、神充足，而且肢体灵活，身法快捷，才能达到上乘心意武功的目的。

我在《心意拳》等前几本书中分别介绍了一些心意内功的修炼和作用，但是不是很具体，不够详细。为了让读者能够更好地学习和深入地了解心意拳的内功修炼，我将前面几部书籍中有关内功修炼的部分内容辑录在一起，并增加了道家传统的静坐等功法，指导读者学习。这样，使修炼者更系统、更具体、更全面、更完整地掌握并进行修炼，这就是我这部书稿的主要内容。

目 录

第一章　心意拳内功修炼的基本理论

一、为什么要重视心意拳内功修炼

心意拳是内家拳的上乘拳法，其拳术动静相兼、阴阳互补、刚柔相济、形神兼备，在技击、养生方面都具有很高的价值。人们对心意拳的技击作用已有较为清晰的认识，但对其内功则较少提及。

心意拳的内功主要是通过内养和外练的锻炼而得来的。修炼内功可以疏通经络，调和气血，均衡阴阳，提高人的免疫力和健康水平。意念引导和养气配合，通过柔化关节、活动筋骨，使人的内劲得到增长。所以说，心意拳的内功功法可以强健体魄，延缓衰老。《黄帝内经》说："气引血行。"人类离不了气，练武之人更离不开气，心意拳内功以心化意，以意领气，以气催力的锻炼，能使练武者全身气血充足而力达全身。

练内功的人，一旦有了内功，即使三年五年不锻炼，其内功仍然能存在。而练外力的人，虽然肌肉发达，但一年不练，肌肉群就有可能萎缩或者变小、变弱，这就是我们反复强调重视内功锻炼的必要性。练习心意拳的人目的不一样，有的侧重于防病健身、延年益寿，有的侧重于防身自卫，掌握技击本领。要想身体内壮，要想技高艺强，必须要练习内功才行。心意拳的内功不光能用于养生、健身和医疗，而且适用于防身自卫，技击制敌；更可以激发人体的潜能，增聪益智。

二、心意拳内功与实战

我们知道，心意拳是实战与内养并重的拳术，因此，内功修炼对于心意拳的实战是很重要的。心意拳的内功对于修炼心意拳的人来说可以使其“气足不思食、精满不思淫、神旺不知倦”，因而在实战搏击格斗中不会因为激烈而感到力气不足的情况，也不会因为久战而感到乏力、疲倦，这些都是败敌制胜的关键。我们在《三国演义》中看到有“张飞夜战马超”的故事，这是一段精彩的描写。张飞和马超连战一天，打了三百回合，不分胜负，但是不知道疲倦，中途只是刘备怕张飞的马劳累，给张飞换了一匹马。到了傍晚，刘备劝张飞回关，第二天再战，张飞却大叫着要“挑灯夜战”。从这里可以看出，内功的修炼可以使人不因久战而乏力，不因久战而疲倦。日久的内功修炼，可以使人内气充足，气足则力大，神足则精神旺相。

因此，心意拳注重内功修炼，就是为了增加自己的实战能力，斗敌制胜，使自己立于不败之地。心意拳的内功修炼是必不可少的，是学习和修炼心意拳的重要部分。只有内功修炼到一定程度，在实战搏击格斗中才能气足力增，才能愈战愈勇，而且也不会因久战而产生饥饿、乏力，更不会因久战而感到气力不足和神疲力倦。这就是心意拳内功修炼的好处和重要性。

练习心意拳内功虽然对实战有莫大的好处，但是我们要知时、知事，分清时代潮流和社会发展。随着时代的变迁，目前我们国家正处在和谐、进步的崭新时期，我们不能想着练了功夫去打架斗殴，不能为逞一时之快而给社会带来不安定的因素。因此，我们在练习心意拳的同时要时刻关注社会的发展，关注人类的进步，关注自己身体的健康，不要因自己的气足力大而惹事生非，不要挑起事端，无事找事，不要主动攻击别人，把心意拳只是用在防身自卫上，用在社会治安上，帮助公安执法人员制服坏人，这是最重要的。

三、心意拳内功与养生

心意拳不光是实战的拳法，它还是长生拳、健康拳、科学的拳法。上海市有7位由于常年修炼心意拳而达到90岁以上健康长寿的老人；还有我的一位师伯已经95岁了，耳不聋，眼不花，身体健壮，精神矍铄。他说：“这都是练习心意拳内功的结果。”历史上的心意拳前辈马梅虎曾经活到119岁。根据他们的练功及养生经验，我们再从心意拳中寻找使人健康长寿的因素，这就是我向大家介绍心意拳内功修炼的主要原因。而本书接下来要介绍的心意拳内功，主要是针对养生的功法。

心意拳是内家上乘拳法，其养生与实战的功效相当显著。要练好心意拳，一定要熟读《六合心意拳谱》。《拳谱》对养生的论述很多，而且很多论述是独特的、精辟的。为了让爱好心意拳的朋友能够遵照《拳谱》学习，现将本人手中收藏的墨本《六合心意拳谱》内有关养生的章句摘出，作一浅析，与大家共同研究。

解劝世人莫习武，凶多吉少也难知，丢财惹祸在眼前，不如息气养身却自然。

【解释】心意拳是很厉害的拳术，从实战搏击的角度来看，它有“心意一年打死人”之说。所以，旧时对于心意拳的传授是很保守的，对来学习心意拳的人首先要进行人品考察，授拳过程中要遵照“三教三不教”的原则。对于那些不适合学习心意拳的人，要尽量进行劝说，让他们放弃学习的念头。当然，在现代社会里，我们一定要打破这种保守陈旧的传统观念，对来学习心意拳的人要教育他们树立正确的价值观。如果来学拳的人没有树立正确的态度，或者因为学拳目的不正确，又或者自己没有信心，不如不教为妙。因为，有的人学拳是为了报仇雪恨，有的是为了打架斗殴，有的是为了掠财劫物、打家劫舍，搞不好会打死人的，那样就会引起社会治安问题。对于这样的人来学习心意拳“宁可失传，也不滥传”，坚决不能教，教了只会危害社会，破坏国家的安定团结。对这样的人只有劝解，告诉他们：“习武如果品性不好，动不动就凭拳横行，恃强凌弱，打死人自己要坐牢，还要连带家人不得安宁；钱财花了，甚至家破人亡，如果如此，不如不学拳。要是学会息气养身，多好！”当然，这也是老师开始用来考验学生的一番话，也是心意拳的武德教育的开首篇。

精养灵根气养神，原阳不走得其真；丹田养就千日宝，万两黄金不与人。

【解释】所谓“精养灵根”者，乃是说人的灵性根本，是靠精满气足才能得来的。养气练气首先要针对爱好学习心意拳，又意志坚决的人，学生爱学，老师又愿意教，因此，对于这样的人，不能不让他知道练气养气的重要性。这个重要性就在于《拳谱》中所论述的那样：“精养灵根、气养神元，原阳不走得其真；丹田养就千日宝，万两黄金不与人。”只有精满才能将精化而为气，这个气就是“真气”了。人只有真气充足，神才能旺，也就是精神旺相的意思。所以，练习心意拳的人只有惜精养精，精足以后转化成真气，真气又反过来培养神元，这就是练功者练气养生的道理。那么，精满气足又是怎样得来的呢？怎样才能精满气足呢？练功人就要知道“原阳不走得其真”，即人的原阳不能走失，也就是不思淫，不要随便地泄精，要不轻易地泄精，平时就要戒欲，不思淫，不斜视，做到“非理勿视，非理勿言，非理勿信，非理勿行”，保持一种纯正的心态，保持一颗善良的心地。这样，才能很好地保持身体内的原阳不走失，才能保持自己的精满气足。练习心意拳的人要养生，其主要是对丹田气的养练。因为人的丹田是养精蓄锐的地方，而且丹田经过长期的养练，能把气转换成身体的宝贝，这个宝贝就是能量。这个能量的重要性，就是别人拿一万两黄金来换，你都不会同意换给他，它就是你的生命，它就是你的一切。

四、心意拳内功与丹田

（一）丹田在哪里

练心意拳的人认为：“练成丹田浑元气，走遍天下无人敌。”心意拳家非常重视对丹田的锻炼。心意拳内功实际上就是丹田功，也就是“意守丹田”，养气蓄力。

《六合心意拳谱》开头有这样几句话：“沉肩垂肘两手绵，意入心经如丹田；气沉命门通气海，阴阳二气往上翻。”

可见，心意拳是非常重视丹田功的。但是，在“丹田”问题上有很多争论，有的说没有“丹田”，有的说有“丹田”。到底有没有丹田呢？道家始祖老子说：“无名天地之始，有名万物之母。”按照老子的理论我们可以推知，丹田只是一个名字。自然界里，天地万物，原无名称，只是后来人给它起个名字，因此，名称只不过是个信息代号而已。我们是东方人，研究的是东方的传统文化，就一定要遵照中华民族自己的传统文化来研究。按照传统文化的观点，丹田是有的。丹田是名，是指人体上某一部位的名称，它是人们内功修炼培植丹气的地方，因而人们习惯地把这些地方叫作“丹田”。

有人说丹田在“脐下1寸3分”，也有人说在“脐下2寸”，还有人说在“脐下3寸”。那么到底“丹田”在哪里呢？古人说：“夫气穴者，乃吾人胎元受气之初，所禀父母精气而成者，其名不一，曰气海，曰关元，曰灵谷，曰下田……”“心下，肾上，脐堂之后，命门之前，其上稍下，有个虚无圈子。”这就是丹田的部位所在。心意拳所练的“意守丹田”或者“气沉丹田”，也是指心下、肾上、脐后、肾前、腰前、命门前这一大片地方，也可以说是人的腹部。

心意拳内功修炼认为，人体有上、中、下三个丹田。上丹田即人的两眉之间的印堂穴入脑处，也有人叫它祖窍穴；中丹田在人的两乳间的膻中穴；下丹田在脐下1寸3分处的气海穴。古人云：“在脐下1寸3分，前七后三正中处，归真气穴。”所指前对脐轮后对肾，上有黄庭下关元，中空之一穴，又名“金炉”。还有的人把会阴、涌泉也说成下丹田，真是“人身无处不丹田”了。

（二）什么是意守丹田

练习心意拳内功，经常用到“意守丹田”和“气沉丹田”这两个词。心意拳家非常重视对丹田功的锻炼。因此，就传统来说，心意拳认为丹田就是培植丹气的地方。所以，练习心意拳的人把意念守在腹下1寸3分的地方，这就是“意守丹田。”

（三）什么是气沉丹田

我们认为，丹田是滋养人的全身的重要部位。人的腹部是软组织，内有许多空腔器官和实质性器官，这些器官的表面有丰富的内脏感觉神经分布。经常锻炼“气沉丹田”，可使腹部神经得到激活。腹部还有气海、丹田等穴道，特别是丹田穴是人的精、气、神聚集之所，其中很重要的是体前任脉和体后的督脉，不光任脉要通过人的腹部，而且人的十二经络都要通过人的腹部。经常锻炼“气沉丹田”，可使腹部的肌肉得到增强，能使人的大肠机能得到改善。

“意守丹田”和“气沉丹田”有什么不同呢？“意守丹田”是心意拳养生所用的一种方法，它是用意念默默地意守在丹田这个部位，由入静而生气，这种修炼是心意拳内功的静功修炼。而“气沉丹田”则是在呼吸时有意识地将鼻孔吸入之气通过肺部向下丹田压去，尽量让气贯到丹田这个部位，这种修炼是心意拳内功的动功修炼。为什么这样做呢？心意拳家认为，气即是力，人们常说气力、力气即是指此。心意拳内功首先要修炼的地方，就是气海，丹田部位。气沉丹田，也就是力的下沉，力下沉则下盘稳固，站立如桩，坚如磐石，不动如山岳，难知如阴阳。心意拳内功由此开始，再往上乘境界修炼。还有，不练功的平常之人，在实际生活中遇到某些事情不顺自己的心时，会有气堵在心的感觉，这些人不妨可以练一下“气沉丹田”的动作，心里会自然好一些。通过“气沉丹田”使郁结在心胸的壅塞之气得到顺畅，你不会因一些小事胸闷气滞而致病。练心意拳内功的人就更不一样了。练习心意拳内功的人，他们常练“气沉丹田”，是将上浮之气从上胸部往下沉到小腹丹田部，这样，自然会达到胸空腹实的意境。胸空则心中空空洞洞，上身自然会虚灵开阔；“气沉丹田”则气往下沉，入腹结丹。练功之人能重心下降，保持住自身的平衡，功深时与人搏击则会如“不倒翁”。功更深者，“气沉丹田”则能导引气从丹田再往下走直入双足涌泉穴，这样，人与天地相合，吸天地之灵气，取天地之精华，用于技击则全身力从脚下起，达于五指而发于掌；用于修炼，则吸阴补阳，吸阳补阴，阴阳互补，健康长寿，颐养天年。

五、心意拳内功与养气

（一）内功修炼就是养气

什么是修炼？在传统武术中，凡是由内气带动的任何一个动作都是修炼；凡是人为而做的形体动作却不带有练气养气的，任何一个动作都不是修炼。在中华传统武术中，各门各派各拳种，都知道练气养气的重要性，修炼心意拳内功同样如此。

气是很重要的。在拳术中，它是性命之根本、造化的根源、生和死的玄机，也是道家的金丹之所在。心意拳强调“精养灵根气养神，元阳不走是为真；丹田养就千日宝，万两黄金不与人”，也就是练拳首先要修养先天真一真气的意思。因此，《拳谱》中说：“性者，理也；金丹，形也；两者形虽有别，但其实是一个东西。”性生于气，因此，性乃是命，它们道理是一样的；而金丹只不过是练成的有形之物而已，虽然它们在形上是有区别的，但实质仍指的是一样的东西，那就是气的养炼。“气”，说起来既平常又复杂。气是无处不在的，但是，气又是无形的，它看不见，摸不着，所以说气是平常的，又是神秘的。我们说的平常，是知之则平常，不知者则为异常、为神秘。有很多练心意拳的人，练了许多年，却不知道什么是心意拳的练气养气，所以对于气一无所知。气虽然没有形状，而到处都有，这种到处都有的是空气，或者叫大气。而人的“鼻息管呼”的气，则是气息之气，也即人体呼吸之气。人体本身就有气的存在，这种自身之气就是元气，也就是“混沌不分之气”，也即“先天真一之祖气”。后天的气自人类生命的基本本能——呼吸而来，而呼吸，不管是何种呼吸，确是人类生命的根本。

按照现代中医理论，人体的癌症和肿瘤都是因为身体缺氧而造成的，所以，人体要健康，一定要多运动，多吸收氧气。心意拳的气沉丹田，说到底就是一种深呼吸运动

（几乎所有内家拳都是在练习深呼吸）。人的呼吸量越大，吸入身体内的氧气越多，“气引血行”，气血流通，人的身体就不会被疾病所侵蚀，可以改变人身体内的功能态。另外，人在呼吸时毛细血管收缩，呼气时舒张，白细胞进入血液循环，白细胞治性增高，有利于机体迅速识别癌组织而作出反应，调动身体内的免疫系统能力。大量的外气可以激发胸腺T细胞，为增进身体的抵抗能力提供了可靠的保证。还有研究者认为：人体内的气就是电，有电就有电流现象产生，这种电流如作用于意守部位，可以进一步导致意守部位的生物电流加强，此时的感觉就是内气的感觉。中华医学认为：“气血淤阻日久不散而成癌。”所以，加速内气运行，可以有效地疏通人体癌变部位。所以，炼气养气不光对于练习心意拳的人有很大的好处，就是对一般的人，多作深呼吸，多作一些炼气养气运动都有好处。

练习心意拳内功，就是要在练拳中练气、养气，把通过“鼻息管呼”的自然之气吸到肺部，经过隔膜过滤再运转到丹田进行培养，经过丹田的培养，培养成“丹”。这种“丹”，就是我们练习心意拳的宝，这个宝在自己的身体内，是人家拿一万两黄金给我，我也不会卖给他的。心意拳的内气贯通以后，可以调和天地，静定乾坤；想要打哪儿就胜到哪儿，想要击谁就能胜谁，这是随心所欲的事情。所以《拳谱》上说："气通皆通，万事皆通；气复万物都复。"

练心意拳内功之人体内有了这种宝，就可以松筋活骨，就可以气血通畅，阴阳就可以调和均衡，自然会祛病强身，就会"气通万事可通"，身体内的血管筋脉也就不会有阻隔，身体的各个器官、身体的各个部分都会得到协调，身体内就会气血和顺，那么你的身体自然就会健康强壮。有了强壮的身体，再有好的拳法技巧，不管是防身自卫，还是与人搏击格斗，你都会运用自如，制敌有法，防身有术，在实战搏击格斗中自然胜敌有方。

（二）心意拳内功的养气方法

1.呼吸法

所谓呼吸也就是"吐故纳新"。吐是用口吐出肺中之浊气，吸是用鼻吸进新鲜之空气，这种呼吸是鼻吸口吐的。古人云："药补不如食补，食补不如神补，神补不如炼武。"练武之人的丹田为纳气之根、流之源。人的宗气、正气、元气汇聚丹田，即可发出雄浑无敌的力量。心意拳是以练气养气为宗旨的拳术，所以特别重视呼吸。

心意拳练习静功基本都用顺呼吸。顺呼吸也就是自然呼吸，即用肺呼吸，它是用鼻子吸进气，肺部扩张，腹部平伏，呼气时肺部平伏，小腹凸起。一般开始阶段都是用鼻呼鼻吸，配合动作是动作伸展时为开，吸气；收缩时为合，呼气。这种炼气养气的方法在心意拳中也可以叫作“开合功法”。

当然，有的人也采用腹式呼吸。腹式呼吸是怎样的呢？腹式呼吸是吸气时腹部突出，呼气时腹部收回，即吸气时直接将气吸到小腹丹田部位，所以腹部凸出，而呼气时将腹部丹田之气直接呼出，所以腹部是凹下去的。这种呼吸方法一定要注意，开始练习时可一手放在胸部，另一手放在腹部。吸气时放在腹部的手随呼吸上下移动，而胸部的手不动，待逐步掌握腹式呼吸后，手才可以离去。也可以用双手压迫腹部随呼吸加以练习。

（1）正常呼吸

所谓正常呼吸，是指在运气养气的过程中，按照平时人的正常呼吸，即用肺呼吸，即鼻子吸进新鲜空气到肺部，肺部扩张；呼气时，肺部收缩。但心意拳的正常呼吸也要闭口叩齿，吸气时舌顶上腭，搭鹊桥，通气路；呼气时，舌顶下腭，气往下沉。通过这样吸气呼气，把肺中的气通过腹部膈膜的压缩和过滤，下送到腹部丹田中，这是第一步炼功法。

（2）反呼吸

所谓反呼吸，是指与人的正常呼吸方法相反。这种呼吸是逆式呼吸，即用鼻子直接将气吸到腹部丹田中。练气养气时，鼻子一吸，腹部凸出，一呼，腹部凹进去。也是吸气时要舌顶上腭，呼气时舌顶下腭。反呼吸是第二步炼功法。

2. 调息

调息是心意拳炼气必不可少的，调息均匀后心平气和了，方可练功。

每日练功的时间，最好是早、中、晚三遍练功。不论在什么时间，练功之前一定要先调息。调息，顾名思义是“调整呼吸”的意思。练功的一呼一吸为一息。调息是在练功前，先用口向外吐气7口，是鼻吸口呼；做完吐气以后，改为鼻吸鼻呼，最好做36次。等呼吸调整均匀以后，心平气和了，即可以做心意拳内功“七步丹田功”了。

3. 入静

练功前的入静很重要，这是练功养气的第一步。古人说：“静生气。”意思是说，只有入静以后才能生出气来。所以，一定要先入静，才能开始做心意拳内功的“七把丹田功”。

入静时要做到神光内敛，意不外驰，杂念不能生，超然于物外，此时身体就像与天地融为一体，物我不分，这就是“天人合一”的境界。此时练功者两耳似听非听，听而不闻；两眼似看非看，视而不见。处于此状态，浑身就有一种说不出的愉快感觉。《心意拳谱》上说：“心要定、心定神宁；神宁心安，心安清静；清净后无物，无物行气；行气时绝象，绝象后必觉明，觉明则性灵，性灵则神通，神通万物有归着。”

心意拳内功在入静时两眼要尽量微闭，心与眼合；意念集中在两眉中间的印堂穴（也叫祖窍穴）。（注意：有高血压的练功者不能意守印堂穴，防止血压上升）

4. 贯气法

当入静意守一会儿后，内视祖窍穴。可以以意领气，向下降气贯气。气下行时要沉肩坠肘，含胸拔背，松腰松胯，尾闾微收。两手掌心向下，五指叉开向前，虎口相对，从上往下按。身体随手掌下按同时屈膝，慢慢下蹲，将气降到两脚的涌泉穴。当感觉气降到不能再降时，再由两脚涌泉穴顺两腿而上行，身体也随之站起。当气行到两胯的环跳穴时，两胯内缩，气到会阴穴，由尾骨处向上翻起，真气自然会上升。可由身体后面上行，过命门，经夹脊直上玉枕，过玉枕到百会穴守一会儿，当再运气行气时，气从泥丸宫往下，再降到印堂穴。稍停一会儿，由印堂下行至喉头，从身体内直走过心窝到绛宫穴，经中丹田膻中穴再到下丹田。由下丹田往上要提肛，气经会阴过夹脊、玉枕上升到泥丸穴。依此路线气再到中丹田，静守中丹田，此时，只收气，不出气，气伏丹田。如此练习贯气以后，即可准备练习心意拳内功的丹田功。

心意拳的呼吸，吸为虚灵劲，呼为实劲。了解了心意拳的呼吸作用，在实用时一定要掌握好气的呼和吸。

补充说明：这种吸气呼气的修炼乃是遵循道家的吸、提、闭、扣的修炼方法进行的，在我国道家已经有几千年的历史；心意拳是道家的功法，因此，它运用的内修方法，仍是古老的道家修炼方法。

第二章　心意拳的内功功法
——七把丹田功

第一把　竖丹田

一、双手练法

身体自然站立，两脚距离与肩同宽；然后身体往下，似站非站、似蹲非蹲姿势，成半马裆步。（图2-1）

图2-1

先进行调息，等气息调整均匀缓和以后，心平气和，以意领气，将气沉于丹田守一会儿，再将气从中丹田（膻中穴）上运至上丹田（印堂穴）。在向上运气时，两手上举，掌心朝上，五指叉开也向上，手和身体随气的上升而上起。（图2-2）

当身体升到不能再升时（此时已经恢复原站立桩势），两手翻掌，掌心向下，手掌和身体随之下落，意念也由上往下，落至下丹田（气海穴），身体蹲成马裆步。两手要成鹰爪往下抓劲，要扣住气，不呼也不吸，停住意守一会儿。（图2–3）

然后，两掌均成钩状，随身体下蹲两手一起抓下到两胯旁。（图2–4）

图2–2

图2–3

图2–4

这样手掌和身体一起上下，上升时身体直立，成站桩直立形，手掌心向上；下落时两腿微屈，成半下蹲姿势（如骑马势），手掌心向下，十指成钩往下抓。练此势要丹田随手掌和身体的上下起落而升降。如此反复练习，36次为一段。

二、单手练法

说明：也有的人在练竖丹田功法时是单手。在做单手练法的一升一降时，一定要注意两掌的对称和均衡。

同前站好，然后蹲成马裆步。（参见图2–1）

先上升左手，掌心向上，引气上升；而右掌一定要俯掌，掌心向下，两掌心成阴阳对称势。并且在左掌上升的同时，右掌往下捋按。（图2–5）

然后右掌上升，右掌心向上，五指向前，引气上升；左掌变成俯掌，掌心向下，五指向前，这时两掌心已经变成阴阳对称势。在右掌上升的同时，左掌往下捋按。（图2–6）

图2–5

图2–6

不管哪只手上升或者下捋，都要五指揸开，这样气力才能到指梢。

无论是单手还是双手，一定要升起时身体直立，下降时身体下蹲成骑马蹲裆步势。

在练习时，意念想象天中有气，我双手把气抓下来吸进我的肺中，然后再把它压向腹部丹田之中。这样反复地抓取，吸进肺部的气源源不断送到丹田中积聚起来，这是练功的第一步。

第二把　搂丹田

身体直立，开左脚向左一步，两脚站立与肩同宽，两腿似站非站，似蹲非蹲。（参见图2–1）

两手翻掌，掌心朝上，虎口均向外，十指均揸开，由两胯旁向上托起；吸气，引气上行到百会穴。（图2–7）

图2–7

然后引气猛然下降。当气下行时，两手翻掌心向下，十指如钩，向腹前回搂，虎口相对，十指揸开均向前，随气下降而下

按。（图2-8、图2-9）

图2-8

图2-9

要沉肩坠肘，松腰松胯，尾闾回收。

做搂丹田时要两手如钩，从上向下做搂的动作，身体随之下蹲，两腿屈曲。气由两腿下行直到两脚涌泉穴。当气降到两涌泉穴时换气，气由涌泉穴顺两腿向上行，身体也随气的上升而逐渐站立。当气随手行到两胯环跳穴时，两胯里收，气到会阴，稍停一会儿；气再由身体前面向中丹田汇聚。然后再由两肋上行，到璇玑穴，过两耳后高骨继续上行到泥丸宫，再下行过雀桥，再将气归入中丹田膻中穴。当气到中丹田时，两手指成钩，用手从外往里搂气（也可从上往下搂），但均要出手如钻，回手似钩。身体随搂气往下蹲，逐渐成骑马步。

如是两手往前搂时，手掌有前插的劲意；回搂时两手十指如钩，像钩子勾人一样。

此把功法对于中老年男女的肩周炎（俗称“五十肩”）有特别的治疗效果。2008年，我到安徽蒙城县教拳时，一位信用社的主任有肩周炎，我传授他练此把功法，3个月后，他的肩周炎神奇地好了。

注意：区别搂丹田和竖丹田。两手成鹰爪从上往下为搂；两手从下往上起为竖。

合练法：我在平常的练功中总结了一套综合“竖丹田”“搂丹田”“送丹田”的综合练法。现介绍如下。

身体自然站立，两脚站立，与肩同宽；然后身体往下，似站非站，似蹲非蹲，成半马裆步下蹲姿势。（参见图2-1）

先进行调息，等气息调整均匀缓和以后，心平气和，以意领气，将气沉于丹田守一会儿，再将气从中丹田（膻中穴）上运至上丹田（印堂穴）。在向上运气时，两手上托至胸口，掌心朝上，十指揸开也向上，手和身体随气的上升而上起。（图2-10）

图2-10

然后双手一齐翻掌，变掌心向下，十指向前，然后双手一齐向前用力推出，注意是肩催肘，肘催手，十指前戳（图2-11）；

然后十指弯成勾手，向后回搂到胸前时（图2–12），双手一齐翻掌，变双掌心向上，从下向上托气，双掌高过头顶并深深地吸气，一直到胸口吸满为止。（图2–13）

图2–11

图2–12

图2–13

如此反复进行，以36口气为一组。

第三把　坐丹田（又名蹲丹田）

站式同前，仍从气伏中丹田不动。（参见图2–1）

身体下蹲成骑马势，随身体下蹲时两掌下按。气在意念引导下行到下丹田，再顺两腿下行直到涌泉穴。（图2–14）

当身体已经不能再下蹲，两掌不能再下按，气也不能再下行时，身体慢慢直立站起，两掌同身体一齐上升。（图2–15）

图2–14

图2–15

此时以意领气，由涌泉穴顺两腿上行，到两胯环跳穴时两胯里收，气过会阴穴回升到中丹田。

如果继续练习，身体再由上往下蹲，降气；身体上升，手掌成钩抓力而起，身体恢复成站立势，吸气。如此反复练习，36次为一阶段。

第四把 闸丹田

练法分闸丹田和开丹田。此步功法，是吸气养气在中丹田，守住不动，聚气伏气。

一、闸丹田

练时身体上部要正直，两腿微屈半下蹲，头顶项竖，下颌里收，闭唇叩齿，舌顶上腭，两眼微闭；两掌掌心向内，十指揸开相对，微屈，掌心内含，虎口均向上，两掌如抱一气球，抱在丹田两旁。（图2–16）

图2–16

不紧不松，紧了手中气球会挤破，松了气球会飞掉。这样，扣住气在丹田中，就像闸门闸住水一样，蓄而不流，有内气不出、外气不入的感觉，这样自然会将真气聚在丹田处。此式是聚气和伏气，气只收不放。这种只蓄不放，就是闸丹田。

二、开丹田

站式同闸丹田。两手掌心相对，手背向外，由小腹两边向外慢慢展开。（图2–17）

图2–17

外展时吸气，当感觉身体内吸满气以后，两掌掌形不变，再从外向里合，合时呼气（身型、手型均不动）。这样用两掌开合的方法来调剂身体内部的气的交流，以达到益气养气的目的。

练习此式，两手掌展开，就像打开闸门一样，身体由以意领气，将聚伏在丹田的气用意向身体四肢和周身散发，气自会溢贯全身，全身无处不到。这样将聚伏在丹田的气向全身发散，也就是开丹田。

注意：做开丹田时，两掌掌心要凹进去，是心意拳的三心相并，即顶心向下，脚心向上，手心向内，三心向一处并。

有的练习者是将闸丹田和开丹田放在一起合练，实际上此两式就是心意拳运气的“开合练气法”。

我在练习此把功夫时，有双掌发热、掌心似有磁铁相吸的感觉。

第五把　砸丹田

我在《心意拳》一书中介绍了“心意拳内功功法”，其中第5式名叫“击丹田”，其实就是“砸丹田”。心意拳的每一手一式都有很多种练法，但万变不离其宗，主要目的仍在“丹田功法”，是为练气养气而已。

此步功法是在练习前几步功法的基础上，身体内部有一定的内气充实后，再对自己的丹田进行进一步的锤炼。练时取直立站式或者半下蹲式均可。

现以半下蹲式为例：马裆步蹲好，两手攥拳，分别置于两腰部；然后先出左手，向左外抓取，就像从空气中抓气一样。（图2-18）

当左手运转到身体左前方时，由掌攥成拳，拳眼朝外，用拳的根部向自己的腹部左侧捶击。（图2–19）

图2–18

图2–19

接着出右手，反掌向右外抓取，也是像从空气中抓气一样。（图2–20）

当右手运转到身体右前方时，由掌攥成拳，拳眼朝外，用拳的根部向自己的右腹部捶击。（图2–21）

图2–20

图2–21

这样两拳反复捶击腹部，捶击力会震动丹田。锻炼日久，自然丹田气足，内功坚实，身强力壮，功力大增。

记住：手向外抓时要用力吸气，捶击小腹丹田时要鼻中喷气，这样可以锻炼身体的抗击打能力。

可以砸，也有人把此法叫作“夯丹田”。身体像有被外力夯击的感觉。

第六把 射丹田

以上几步功法练习一段时日，内气有了一定的积蓄，感到内气充盈，周身气力越来越大时，便可以做射丹田这步功法。

先立正站好，然后左肩领前，左脚向前进一步，落地后屈膝成弓步，右脚在后，腿挺直，这在心意拳中叫“犨柱步”。两手成掌，掌心向下，十指揸开向前，左掌放在左膝内侧，右掌按在裆部。（图2-22）

图2-22

练时全身合力，吸气；

两掌用掌根撞击小腹处，向前抖击，呼气。（图2–23）

是为射丹田，意在将丹田内之气向前方射出，就像向前将箭射出一样。

此把在心意拳中也叫“虎抖毛”，虎有搏战之勇、抖毛之威，即指此。

图2–23

第七把 养丹田（浑圆桩功）

立正站好，开左脚向左方，两脚掌微内扣，距离与肩同宽，十趾抓地，脚心内含。然后两膝微屈，身体微微下蹲。尾闾中正，头顶项竖，下颌向里微收，闭唇叩齿，舌顶上腭。虚胸实腹，神态自然。两手掌掌心向上，虎口均向外，十指揸开向前，由身体两侧胯际向上托起，托起时谷道上提，吸气，两掌一直托起到头顶前方。（参见图2–2）

百会穴在人头顶的旋毛中心处。此把功法名为养丹田，实际就是站桩，静养浑圆功的式子。

意存百会穴，守一会儿。变双掌掌心相对，虎口相对

成圆，如抱一气球，从头顶前上方往下按，一直按到丹田气海穴处。（图2-24）

图2-24

呼气。然后两掌一直抱在小腹丹田处不动，不再注意呼吸，意在丹田处养气。此时要两眼似闭非闭，意守丹田，由意守而入静，由静而入定，由定而心安，由心安而神宁，神宁而清净无物象，无象则觉明，觉明而神通万物。万物归为一元。这正是心意拳养丹田内功的绝好之处。

此把功法实际就是心意拳的浑元桩功。动功以后，可以利用时间多站一会儿。

第三章
心意拳的内功疗法（一）

练心意拳不需要很大的场地，素有“拳打卧牛之地”的美称。特别是它的内功功法，更是行、立、坐、卧均可练习。心意拳的“坐练”大都是在凳子上练习，这种练法雍容大方、儒雅不凡，给人一种不俗的感觉。这其中就有“板凳功夫”，也有人把几个动作称之为“板凳四把”。这几个式子，是心意拳前贤遗留下来的练功方法，是心意拳的第二步功法，也有人把它叫作“丹田功”或者“盘练中节”。

一、心意拳的丹田功

（一）抱丹田

早晨（寅时最好）选一空气清新、有松柏树丛或者湖泊河水边，自然站立；左脚向左开一步，与肩同宽，两脚平行而立，身体微下蹲，膝稍弯曲，头直目正；身端气静，松肩垂肘，十指揸开，手心向内抱于腹前，两手相抱若抱球状，进行调息。（图3-1）

图3-1

此时要身体似站非站，似坐非坐；面部似笑非笑，意守丹田部位；随意呼吸，莫令耳闻，就是心意拳的调息。这样站立一段时间后，再做下一动作。

（二）转丹田

立正站立，左脚向左开一步，与肩同宽，意守丹田，然后以意领气，以丹田为圆中心，自左向下再向上（顺时针方向）右转36下。（图3-2）

图3-2

吸一口气咽下，下沉丹田；再从右向下再向左（逆时针方向）左转32圈。再吸一口气咽下。

（三）晃丹田

立正站立，左脚向左开一步，与肩同宽，全身放松，以腰部带动，自左向右做水平面弧形晃动，要意守丹田，以丹田为圆心。（图3-3）

然后再由左向右做水平面弧形晃动。（图3-4）

图3-3

图3-4

当身体晃动时，身体向左转半周吸气，吸气时舌顶上腭；当身体向右转半周时呼气，呼气时舌顶下腭。晃动时要松肩松胯，全身不得有一丝呆板之意，共约36下。这样的平面弧形转动，可以使带脉得到锻炼。

（四）揉丹田

立正站立，左脚向左开一步，与肩同宽；两手虎口张开，对称放在丹田两旁，以丹田为圆心，自左向右做弧形顺时针方向运动；也是吸气舌顶上腭（搭鹊桥），呼气舌顶下腭，约36下。（图3–5）

图3–5

注：如在床上做功，可以面向上，于矮枕平席正身仰卧（此为卧功，我法为站功；意同形不同也），揉腹时须凝神净虑，齐足屈指，轻揉缓动。

（五）击丹田

两脚站立与肩同宽，全身放松，然后伸左脚向左前方

半步，脚尖点地；两臂似鸟展翅一样向后用力展开，为白鹤亮翅；舌顶上腭，吸气。（图3-6）

然后左脚后收，与右脚并齐，两掌一齐向丹田两边猛击，同时屈膝下蹲，注意沉胯收臀，不使臀部后突，舌抵下腭呼气，做36下。（图3-7）

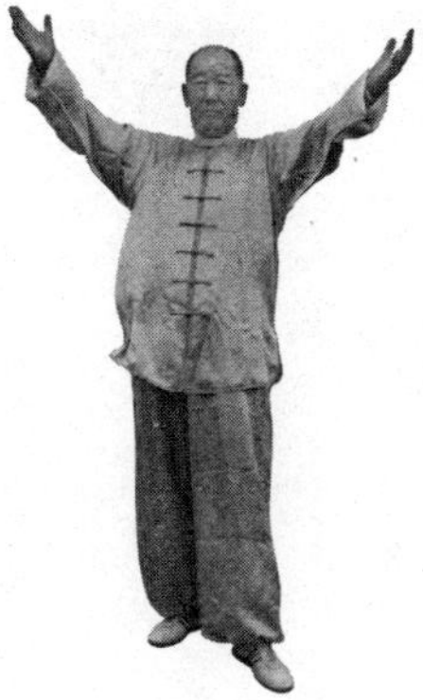

图3-6

图3-7

以上为左势，右式动作与左式相同，唯方向相反。

再换成先出右脚向右前方半步，脚尖点地；两臂似鸟展翅一样向后用力展开，也是白鹤展翅；舌顶上腭，吸气。（图3-8）

然后将右脚收回，与左脚一起，两掌一齐向小腹丹田两边猛击，同时屈膝下蹲，注意沉胯收臀。如此做36下。（图3-9）

图3-8

图3-9

（六）折丹田（以首磕碑）

以轻步站开始。（图3-10）上左步落地后，左手掌心向内，五指揸开向上、向右腮旁护去；再上右步，脚落地后，右掌掌心向内，五指揸开向上、向左腮旁护去。（图3-11）

图3-10

然后右脚再向前上一步，两手翻掌，一齐

向前扑去，扑时磕首，为“以首磕碑”。（图3–12）

图3–11

图3–12

下磕时呼气，头仰起时吸气。这样腹部会得到压迫的锻炼，丹田也会充实起来。

（七）喷丹田

开立步站立（图3–13），两手掌从左、右胯旁，手心向上，升到胸前交叉，左手掌心向右腮，五指揸开向上；右手掌心向左腮，五指揸开向上；右手臂放在左手臂外。（图3–14）

吸气；然后两掌一齐向前猛然推去，为“婴儿击食”（图3–15）。推出时喊“喝！”，呼气。一共36下。

图3-13

图3-14

图3-15

（八）提丹田

立正站立；右手向右上方举起，高举过头部，掌心向前，五指揸开向上；左手掌掌心向下，五指揸开向右，按在右肘窝处（图3-16）。当打垂肘时，右手就像握住天的把柄一样，用力向下拽，左手迅速向右肘处靠拢，也用掌像抓住天上垂下来的把柄，随身体下蹲助右臂向下打坠劲；头顶项竖，下颌里收，闭口叩齿，舌顶上腭；眼向前看。（图3-17）

结合下蹲呼气。以上为右势，左势动作与右势相同，唯方向相反。

图3-16

图3-17

这样手起吸气，下坠呼气，计36下。通过强行呼吸，丹田气足，内气鼓荡，能达到内壮的目的。只有内壮才能力源丰富，劲力浑圆，用之不尽。

二、丹田功的效应

练习内功练到一定的程度，会觉得丹田部位有一股热气感，或者形成一个“气”上感，这就是内气聚集、储蕴的表现。通过进一步的修炼，这个“丹田”之气就会循经络系统运行全身，你会感到有一条热气流下伸至会阴穴，往后向上升经督脉经络的尾闾、夹脊、玉枕，到百会等穴，再向前往下，循任脉经络经膻中穴回到腹部丹田穴，出现任督经气循环的感觉。再进一步锻炼，可出现内气沿周身十二条经络及奇经八脉路线循环。练功到此，人就会感到周身经络气血通畅，精神充沛。功到高级的上乘功夫时，能做到不用眼睛而能视，不用耳朵而能听，哪怕是芥末小物也能感知，微弱之声也能听到。如果这样，你还愁动战不能胜吗？

三、搓把（手摩内五行）

搓把在心意拳内功中就叫“搓丹田”，它分下蹲式和凳坐式两种。如在室内、院中，可取一木凳，随意坐下练习；如在室外，即用蹲式。

（一）坐式搓把

1. 坐式搓把左势

选择板凳一只，高一尺半（约45厘米），置身后待用。

盘练时将臀部坐在凳上，以左臀靠前，两大腿交叉相叠，左腿叠于右腿上，右腿屈膝，足部于地面踏实，左脚心向右方；然后，两肘贴肋，右臂斜护于胸前，右掌心向上，虎口向前，五指揸开贴于左胯前；左手掌心向下，五指揸开向右下方，两掌相合。（图3-18）

左掌根和掌缘用力，向右掌心搓去，左肩顺势前拧，用左肩前拧和上身下压的力量，左掌连肩带背和身一起向前、向下推搓，一直搓到左手掌根处停住。搓去时要左腰内含，丹田吃力。（图3-19）

图3-18

图3-19

当左掌根搓过右掌指尖时，两掌一齐翻转，转成左掌心向上，右掌心向下。（图3-20）

右手指尖要仍然附压在左掌的手腕处；然后左肩后拧，左腰与胸肋也由合而开，左掌随势用柔劲朝左后方后抽；右掌向前而搓，两掌轻轻相擦而过，以左掌指尖抽到右掌的掌根腕处为止。（图3-21）

图3-20

图3-21

如此则两掌一搓一抽，一起一落，往下搓去为搓把，往上抽回为抽手。一搓一抽为一次，视自己体力反复循环进行。搓抽时两眼注视双掌。

2. 坐式搓把右势

盘法同左势，唯左右易位而已。右臀靠前坐于凳上，而两腿交叉相叠，右腿置于左腿上；左掌在下，掌心向上为垫，置右胯处；右掌在上，掌心向下，五指揸开向前，两掌相合。（图3-22）

开始时，右掌向前、向下搓去，右腰旋开旋合，右肩连背和身一齐往下推搓，搓去时右肩趁势前拧，前拧要往下用力，丹田吃力。（图3-23）

图3-22

图3-23

当右掌掌根搓过左掌指尖时，两掌一齐翻转，成右掌在下，掌心向上，左掌在上，掌心向下。（图3-24）

左腰与胸肋由合而开，左掌向前搓去，右掌随势往回抽，两掌轻擦而过，当右掌指尖抽到左掌的掌根手腕处停住。（图3-25）

图3-24

图3-25

双目注视双掌，再如此循环练习，视体力状况，然后休息。

（二）蹲式搓把

1. 蹲式搓把右势

此功法有好几种形式。

如在室外，则右脚在前，脚掌微内扣；左手掌心向上，放在右腿上，右掌心向下，手指放在左掌根处。搓时，右掌从左掌上向前、向下斜搓去，直到手不能再伸时停住；呼气，气贯丹田。（图3–26、图3–27）

图3–26

图3–27

然后两掌反转成右掌心向上，左掌心向下，右掌由右肩带动往回抽，一直到右掌抽回到指尖到左手腕部为止；吸气。（图3–28、图3–29）如此36次。

图3-28

图3-29

2. 蹲式搓把左势

上势做完，再换下势。

左脚落地在前，脚掌微内扣，成左鸡步；右掌心向上，放在左大腿上，左掌心向下，两掌相合。（图3-30）

左掌从右掌上向前、向下斜搓去，直到手不能再伸时停住。（图3-31）

图3-30

图3-31

呼气；然后再翻转双手，成左掌心向上，右掌心向下。（图3–32）

左掌往回抽，吸气，气贯丹田；也做36次。（图3–33）

图3–32

图3–33

劲意： 一抽一搓，其形如同搓绳一样，故名“搓把”，是心意拳锻炼内功的上乘手法，久练可以使丹田结实如铁，而两膊有惊人之力。

说明： 绝劲之弹法，含劲之运动，必须要由搓把功夫导引而出。学者得之一定要苦练，才能练出绝顶功夫。一旦成功则丹田充实，能达到浑身无处不弹簧的境界。练到如此境界，如果遇敌来袭击我的时候，我则会自然心动意随，拳脚着敌人之身，化动为力，击敌如摧枯拉朽，不可阻挡。《心意拳谱》曰：“精养灵根气养神，元阳不走得其真；丹田养就千日宝，万两黄金不与人。”用在养生上，就能使丹田气足，肾好其余五脏都好，身体还会有病吗？

注意：（1）初练时，最好在早晨。在室内要将窗户打开，使室内空气流通。

（2）练习者每次练功之前要解大小便，结束后宽衣解带一会，使腰腹放松，然后再坐于凳上，全神贯注，意守丹田。锻炼时要全身手臂一齐开合，丹田吃劲，恰到好处。不然，徒作手臂运动，则会差之毫厘，谬以千里。

（3）初学之人或没有武术基础的人不宜开始就练，不然，恐伤内脏。

（4）如果用于养生保健，则每日练习一次，每次各搓36次即可。如果用于练功，每次左右各搓180把，计共360把，以合周天之数。在练功期间，如果能节房事则保养精神，更会增加丹田功夫。锻炼得法，不仅肢体得以刚强，而且内脏和精神也会健壮，这就是心意拳的内外兼修。

四、心意拳的中节功

（一）顿中节

准备方凳一只，高约一尺半（45厘米），高低可视人的高矮而定，总要以练习者坐上去以后大腿稍高于膝盖为度，将方凳放在练功者身后，以能坐上为准。练功者开立步自然站立。（图3–34）

两手攥拳分别从两胯前向前上方钻出，两臂均屈肘贴肋，左拳在后，右拳在前，相向滚劲，拳眼向外，左拳攥紧靠紧右拳的脉门，双拳就像各紧握住一根木棍一样，一起向上钻起，到面门前；头顶项竖，下颌里收，两肩里扣，身腰含劲。（图3–35）

图3–34

图3–35

然后束身后退，用右臀部向身后猛然坐落于板凳上。（图3–36）

接着长身而起，两拳由外向里拧翻变掌，掌心向下，右掌在前，左掌在后，往前下塌；同时，右脚向前进半

步，屈膝前弓，左脚在后，脚跟落实，左腿挺直成右弓箭步（牮柱步）；两目前视。（图3-37）

图3-36

图3-37

然后双手再次收于两胯际，重复如前，拧翻而起。

如此一起一落为一次，往复循环练习，体弱者可练36次，体壮者可多练至360次。也可视个人的身体情况而定。

劲意：此为锻炼内五行之法，顿中节也就是顿实中节的意思，久练可以坚实内脏，强壮体魄。此式两拳拧抱胸前，浑身含滚劲，右臀下落坐于凳上，其反坐力可使练者的心部拔起，六腑震动，实为坚实丹田。臀部下坐，如虎坐山，既练出臀部之力，又使心意随内劲而发，“四梢无不齐，内劲无不出”。故《拳谱》曰：“一枝动而百枝摇。”

注意：锻炼时发要冲冠，牙欲断金，爪如钢锉；舌顶上腭，丹田气发要如雷声响亮；起身要如猛虎登山，下落要如蛰龙之警。此式有三不练：空腹不能练，饱腹不能练，拳术没有基础者不能练，否则，无助增益反而会损伤身体。

（二）抽中节

站立同上。（参见图3–34）

两手攥拳分别从两胯旁一起向前上方钻出，屈两臂贴两肋，右拳在外，左拳在里，两拳相向滚动向上抽拉而出，就好像地上有两根皮条，被我用两手握住，用力往上抽拉一样。这种抽拉是以肩劲而到肘部，两肘贴肋，屈臂往上带劲，既要有抽拉劲又要有裹翻劲。两拳眼向外，右拳高举，左拳贴在右拳的掌根脉门处，两拳均高与眉齐；头顶项竖，下颌内收，闭口扣齿，舌顶上腭。（图3–38）

图3–38

身腰含劲，提肘塌腰，然后束身后坐，以右臀部向后猛然坐于身后凳上，为“虎坐山”。（图3–39）

此后再长身而起，两拳相向

拧劲翻变掌，两掌十指均揸开，掌心向下，左掌在前，右掌在后，从上一齐往下塌劲；同时，左脚向前进半步屈膝前弓，右脚在后全脚掌落实，脚趾抓地，全身要挺直成伞杆之箭；然后双手再收于两胯际。（图3–40）

图3–39

图3–40

重复动作如前，一起一落为一次，计36次。欲练功深者可练360次，也可视练习者体力而定。

劲意： 抽中节，顾名思义是练中节的折合和张开，用左右两手从下往上抽起的劲使身体伸长，此劲有春蚕抽丝的劲意。当抽起后，臀往凳上坐时又要有顿中节的顿劲。在臀坐的同时，身体中上劲往下，下劲受凳的反作用力又往上，这样，上下两种力量在中节即练者的丹田部位产生作用，丹田受到震动而产生力量向全身散发，日久就会使练功者内壮，内壮了身必强，才能练出上乘功夫。

（三）拔中节

站立同上。（参见图3-34）

两手攥拳从两胯际开始，如攥两根皮条一般，两手腕扣劲，从下往上带有上拉之劲意，当拉到胸前时，两拳交叉，左拳在里，右拳在外，两肩内扣，两臂相向而滚，往上有上拔之势。此时胸腰挺伸如鲤鱼打挺之形，有腹打之势，为拔起中节之意；两拳再一齐向上钻而出，高过头顶，要头顶项竖，下颌内收，闭口扣齿，舌顶上腭，两眼瞳仁上视。（图3-41）

如此反复进行，视体力而停止。练习时身腰含劲，提肘塌腰，然后束身后坐，以右臀部向后猛然坐于身后凳上为一次。（图3-42）

图3-41

图3-42

此后再长身而起，两拳相向拧劲翻变掌，两掌十指均揸开，掌心向下，右掌在前，左掌在后，从上一齐往下塌劲；同时，右脚向前进半步，屈膝前弓，左脚在后，全脚掌落实，脚趾抓地，全身要挺直成犨杆之箭；然后双手再收于两胯际。（图3–43）

图3–43

如此反复进行，视体力而做，然后休息。

顿中节、抽中节、拔中节三式虽形似相同，但其意实不相同。顿中节有墩实中节之意，其为滚束之劲，两手只到胸前。抽中节则要求身形凌直，双拳上钻，高与眉齐，有抽拉之意。而拔中节则是两臂上钻要高过顶，胸腰挺伸如鲤鱼打挺，有腹打之势，有拔起中节之意。这是三者双拳高度的不同之处，学练者不可不加以区别。此式如果用于实战，在当敌人用拳击来时，我两手撴拳交叉胸前绞架敌手臂肱部，同时，用两拳从敌胸部上钻击，一直钻击到敌人下颌、咽喉部再施展“黄鹰捉膝”技术，敌必退而躲之。敌退时我跟步进贴靠敌人，胸腰挺伸，用我腹部击打敌人。由于练过丹田功，腹部已经坚硬如铁，当然可以打人了。

（四）剑出鞘

1. 剑出鞘右势

以轻步站开始，左手左脚在前，右手右脚在后。（图3-44）

图3-44

左脚向左旁屈膝下蹲，右脚向右旁挺伸，脚掌贴地成躺裆之势，同时，臀部稍贴凳边，不用凳子也可侧向而坐，其状虽坐而实立，似立而坐，臀部微贴凳面实而不用力；右手斜插于左胯际，掌心向外，虎口向下，五指揸开向下；左手臂屈肘贴左胸，手掌向右上方斜提，掌心向外护着右肩，右肩前拧与左胯相合；头顶项竖，下颌内收，闭口叩齿，舌顶上腭，眼注视左下方。（图3-45）

然后，右掌拧翻屈肘，斜向右上方提拳，似手握宝剑一样上提到右额旁侧，掌心向外，虎口向斜下方，五指揸开向左方；左手掌掌根出劲，斜向左下方捺去，靠于左腿外侧；右肩与左胯由合而开，两脚尖微向右磨，右脚趁右拳上提之势屈膝下蹲，重心移到右腿上；左腿改为挺伸，脚掌贴地，成躺裆之势，有将宝剑从鞘中拔出之势；目光注视右上方。（图3–46）

图3–45

图3–46

2. 剑出鞘左势

接上式不停。右腿屈膝重心下移，仍是左腿伸直成躺裆式，身体向右拧转；左掌掌心向外，虎口向下，五指揸开，从左向右下方插去，靠于右腿外侧；右掌掌心向左，虎口向上，五指揸开向上、往左腮旁顾去，掌护着左肩，

左肩领前向右拧转与右胯相合；头顶项竖，下颌内收，闭口叩齿，舌顶上腭。（图3–47）

身体重心左移，左膝屈膝成弓步下蹲，右腿极力挺伸，脚掌贴地；在身体向左移时，左手翻掌屈肘斜向上方提，到左额头旁侧，掌心向下，虎口在里，五指揸开向右斜方；右掌掌心向下，虎口向左方，五指揸开向前往右大腿外侧捺去；左手从右胯旁向左上方上提犹如从鞘中将剑拔出状，右手顺右大腿下捺好像手握剑鞘状；目光注视右下方。（图3–48）

图3–47

图3–48

如此一开一合，一提一劈，反复循环练习。练习次数多少，应视练习者的体质确定。

劲意：剑出鞘是取意左手按住剑鞘，右手握牢剑柄，用力从剑鞘将剑拔出之意。此式专练肩与胯的开合之力。右手出劲向左下方劈去，左手上掠至右肩尖为合式；右手用托劲向右上方斜拔，左手下捺为开式。一开一合，胸腰和丹田随势合张，为修炼者做开合之劲的最有效方法之一。

说明：此式以锻炼内功劲力为主，所以不尚用法，然而其功夫练到上乘时，其用法自然就会出来，因为剑出鞘的斜劈之势与单式的大劈无异。此式的向上托之势和劲法与十字滚横之意类同，也有向上斜挑之意，故此式用法良多。如敌人用右直拳向我击来，我既可以用右手向左下方斜劈敌手，也可用右手从左往右上斜挑敌手。当然用法尚多，习练者可多体悟。

心意拳内功主要用于养生保健，因此，在这里不过多地谈其用法。

第四章
心意拳的内功疗法（二）

一、心意疗法筑基功

“心意疗法”是从心意拳中派生出来的一种疗法。近年来，随着中外武术界对心意拳实用价值的进一步研究，通过心意拳内功功法的锻炼体悟，心意疗法的作用已逐渐被人们所发现和利用，并将进一步造福于人类。

“心意疗法”为三部功法，即筑基功、心意内功和心意延年益寿功。首先介绍的是筑基功，它又分天盘功、人盘功、地盘功，是按人的上、中、下三节分开来进行的。

“心意疗法”的筑基功法，其动作和式子基本上是从心意拳和少林柔和术中提炼，并经过笔者和部分学生的体验而总结出来的，绝不会出偏。本人练习心意拳五十多年，深得其中奥妙，受益多多，后人学练者可以大胆练习。

（一）天盘功

1. 左顾右盼

先立正站定，开左脚站立，与肩同宽；头上顶，虚灵顶劲，下颌内收，闭口叩齿，舌顶上腭；两掌十指自然揸开向下，掌心向内置于两胯旁。（图4–1）

下部裆要扣，两膝微屈，两脚十趾抓地，脚心含空；头先向左转去，眼尽量往左后视；吸气。（图4–2）

图4–1

图4–2

再回到两眼正视前方；呼气。（图4–3）

然后头往右方转，眼尽量往右后视；吸气。（图4–4）

图4-3

图4-4

再回到正视正前方，呼气。一左一右计为1次，共36次。

主治：项强脊僵，脖颈扭伤，颈椎骨质增生等。古人在介绍此功法时说："摇头摆尾去心火。"可以清脑明目。

2. 眼功

眼为心之苗，眼明心亮。六合心意拳谱曰："心与眼合多一明。"

（1）如前所站，开左步，与肩同宽；先闭目静息1分钟，再运两目，瞳仁自上往两边，往下、再往上，两目瞳仁顺眼眶转一周，计做 9 次。

（2）做完上动后，再先向左上方斜视去，然后再往右下方斜视去。这样一上一下为1次，共做 9 次。

（3）先向右上方斜视，再往左下方斜视。同样一上一下共做 9 次。

主治：明目、泄火。多做眼部运动可以治疗头痛、眼疾、齿痛、颜面神经痛、眼睑跳动、流泪等病症。

3. 耳功

耳为肾，肾健身强。多练耳不但可以强身健体，还可以平压降压。因为此处有三条经脉，即手少阳经上的耳门穴，手太阳经上的听宫穴和足少阳经上的听会穴，最主要的是还有耳后的一条降压沟。心意六合拳谱曰：“心与耳合多一灵。”

此法分顶、转、拽。

（1）立正站定，开左脚，与肩同宽；头上顶，虚灵顶劲，下颌内收，闭口叩齿，舌顶上腭。（图4–5）

先两手用食指（也可食、中二指并用）从耳前耳门穴开始，顺耳后（此经为手少阳经）往上经角孙穴、颅息、瘈脉再往下到翳风，然后从原经路线再按回，共做36次。此为降压带，病重者可按81次。（图4–6）

图4-5

图4-6

（2）用两手食指顶住耳孔上部，顺时针方向转36次或81次。

（3）用两手食指勾耳孔下部，顺时针方向转36次或81次。

（4）用两手大拇指和食指捏住两耳垂（图4-6），向下拽36下。

主治：健肾强身，平压、降压。多练此处，对治疗耳聋、耳鸣、齿痛、口斜、眼跳不止、血上行、脑病以及三叉神经痛都有很好的疗效。

4. 鸣天鼓

自然站立，开左步，与肩同宽；头上顶，虚灵顶劲，下颌内收，闭口叩齿，舌顶上腭；两手均五指揸开，两手

用掌心捂住两耳，十指抱头后部，两手食指压在两中指上。（图4–7）

两指一齐下弹后脑，能听到脑中有咚咚的响声。共做36次。（图4–8）

图4–7

图4–8

主治：清脑健脑，开智增慧。常锻炼此处，对中风、感冒、脑病、头痛、头重、颈椎病、颈项神经痛等都有很好的治疗作用。

（二）人盘功

1. 转胸

立正站定后，开左步，与肩同宽；头上顶，虚灵顶劲，下颌内收，闭口叩齿，舌顶上腭；两掌卡于两胯上部。然后左肩先往左下沉，右肩上抬，意念与动作均自左向右往上转，到右部时右肩下沉，左肩上抬，转到原起始处，经膻中穴开始，自左向下、再向右按顺时针方向转36圈。（图4-9）

图4-9

说明：人的五脏均在胸肋部，通过转胸，五脏都会得到锻炼，特别是两肺通过推晃可以增加肺活量，多吸收新鲜氧气。

主治：此动是虚胸实腹，增大肺活量，更多地吸进氧气，增加心机能的锻炼，加速血液循环，调节五脏，活化血液，并且对咳嗽、哮喘、支气管炎、胸膜炎、胸背痛、呼吸困难等都有疗效。另外，练习转胸，还可以使T胸腺得到激活，增加人体的抗病能力。

2. 推山入海

同前一样站定，开左脚，与肩同宽；头上顶，虚灵顶劲，下颌内收，闭口叩齿，舌顶上腭；左手掌五指自然揸开，轻轻由胸前前推，右手五指自然揸开卡在右腰部。（图4–10）

然后左掌从前面收回，再用右掌前推。（图4–11）

图4–10

图4–11

如此前推呼气，回掌吸气，一上一下为1次，共做36次。

主治：此动为按压任脉；可以起到调整上下、均衡阴阳的作用。对胸热、腹坚、不食、胸肋痛、喘息、腹鸣、不思饮食、消化不良、肠胃病、便秘等都有很好的疗效。

注意：要心意六合。

3. 力推千斤

此动为似站非站、似马步非马步站法；两手掌均五指自然揸开，左掌立掌，掌心向外，五指揸开向前，往前推击刺出，有推山之功；两眼前视（图4–12）

然后左手五指变勾，向回勾抓到左腰间；再用右掌的五指向前刺去，掌心向下，五指变成勾。（图4–13）

图4–12

图4–13

双手再收回右腰间。一左一右，各做36次。此动前刺呼气，勾回吸气。往前刺击时要肩催肘，肘催手，掌出力发。

主治：对肩周炎、肩臂不举、风湿肩炎、肩关节炎、上肢麻木、手臂不举、上臂痛、手痛麻、上肢痛、手腕关节炎、手足倦怠等症都有很好的疗效。常练可以把体内的毒气排出体外，使氧气通过手掌的劳宫穴吸进体内，以达到“天人合一”的中和状态，还可强壮身体和增强劲力。

（三）地盘功

1. 环跳

（1）立正站定后，开左脚与肩同宽，头上顶，虚灵顶劲，下颌内收，闭口叩齿，舌顶上腭；两手掌十指自然揸开置两胯旁；先向左晃胯（图4-14），然后再向右晃胯（图4-15），动作左右相反。一左一右为1次，共做36次。

图4-14

图4-15

（2）以胯部环跳穴为圆点中心，作意念转圆圈运动。两胯要一齐动作，也是36次。要意守环跳穴。

（3）不分左胯、右胯，整个胯部是一整体，先由左向前、再向右、往后按顺时针方向作一大圆周环形转，共做36次。

说明：环跳穴是下部的重要穴道。心意拳的下三节是以环跳穴为根节窍的。练心意拳或心意疗法，主要是意念，意守在哪里，哪里就有功效。

主治：练此功，下部可以健壮有力，对腰腿痛、半身不遂、坐骨神经痛、下肢麻木等都有一定的疗效。常练此功，还可舒筋活血。

2. 拧膝

（1）全身立正站定，开左脚与肩同宽，头上顶，虚灵顶劲，下颌内收，闭口叩齿，舌顶上腭；再微微半下蹲，此时两膝相并，先向左一起拧转（图4-16），再向右方拧转（图4-17），即由开到合，再将两膝猛然抖开（图4-18）。一开一合向左右拧转，各做36次。

图4-16

图4-17

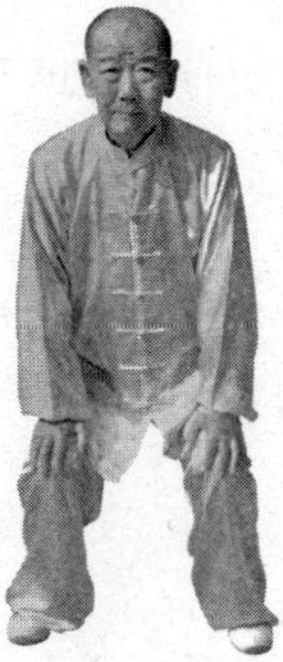

图4-18

（2）仍为半下蹲势，两膝由里往外作环形拧膝运动，共做36次。

（3）仍为半下蹲势，两膝再由外往里作环形拧膝运动，共做36次。

说明：足三里穴是人身三大保健穴之一，在膝下三寸二分处。虽然是在转膝，但意念却意守足三里穴。

主治：膝关节炎、膝部骨质增生、膝关节痛麻、腿痛、全身痛等症。

3. 转脚

（1）两脚站立，与肩同宽；先用左腿支撑身体，提右脚以踝部为中心，往前、往外、再往后、往里作环形运转，共做36次；再往后、往外、再往前、往里作环形运

转，也做36次。（图4–19）

（2）右脚落地后站稳，提左脚，也以踝部为中心，往前、往外、再往后、往里作环形运转，共做36次；再往后、往外、再往前、往里作环形运转，也做36次。（图4–20）

图4–19

图4–20

4. 背后七颠

两脚开立，与肩同宽，头顶项竖，下颌内收，闭口叩齿；两手掌十指揸开自然下垂于两胯旁，目视正前方远处，但意念要在后足踵部。（图4–21）

吸气，两脚跟抬起悬空（图4–22）；然后两脚跟有意用力蹬下，全脚掌落地（图4–23），呼气。这样一上一下为1次，共做 7 次。整套动作结束。

图4-21

图4-22

图4-23

说明：脚是人的根，人的行走、跑动都离不开脚，武术技击更离不开脚。故六合拳谱曰："手打三分足打七分""手是两扇门，全凭腿赢人。"心意疗法虽是养生疗法，不用来技击，但通过转脚运动可以使腿部得到锻炼，久之可以使腿部健壮有力。另外，脚底有涌泉穴，这也是人身的三大保健穴之一，人体有足太阳、足太阴、足少阳、足少阴、足阳明、足厥阴等经脉从此发出，故长期锻炼脚部，可以使人健康、强壮，青春永驻，延年益寿。涌泉穴是练功者必须要练的地方，从这里排出体内毒气，再由此穴从地下汲取对人体有益的纯阴之气来培补人体的健康。但在转脚时，虽以踝部为中心，却不能用力过大、过猛，以防止踝关节软组织扭伤。

主治：足部疾病，还可以治疗高血压。因为一般患有高血压的人踝部都有不同的发硬现象，转动踝部可以刺激穴位和经络，使其舒展，有助血液运行，血压下降。另外，对四肢麻痹、腰痛、脚气、脚肿、头痛、转筋、手足不遂、性病、多梦、肾病、脑贫血、精神病、便秘、肠痛、全身麻木、眩晕等症都有一定的疗效。

二、心意延年益寿功

心意延年益寿功是以中医“三部九候”为理论基础，以心意拳功法为主导的功法。

我们知道，一年有365天，人身有365穴，这就是天对应人的“天人合一”。心意拳常用的有108穴，而用于技击的有36大穴。我们从中经过反复验证，确定人身三大保健穴为心意延年益寿功的主要锻炼穴位，即头部印堂穴、腹部丹田穴、足部涌泉穴。这三大穴位是人身养精蓄锐、藏精存丹、延年益寿之关键。练好上部印堂穴可以醒脑、健脑；“中丹田”是人体中部的关键部位，诸经皆从此经过，身后还有命门穴；下部的涌泉穴则是泄毒排毒、吸阴补阳而达到“阴平阳秘”的关键穴位。通过心意延年益寿功的锻炼，可以舒经活血，气血流畅，精、气、神蓄聚，从而使人达到培丹练宝、均衡阴阳、开潜增慧、强身健体、延年益寿的目的。

（一）拨云见日

先站成无极势，两脚相并，身体正直而立，两肩松垂，头要顶，项要竖，下颌内收，闭唇叩齿，舌顶上腭；两掌掌心向内，十指自然揸开向下落在两胯前；全身浑浑噩噩，无思无虑，无意无想；左脚向左开一步，两脚站成与肩同宽，上身不动。（图4-24）

再由无极势到有极势，即阴阳开泰。两手十指自然揸开向上，两掌心向外，均沉肩坠肘竖肱，两掌在面前保持一定距离。（图4-25）

图4-24

图4-25

然后左手掌自里向外（即自左向左外）在身体左部划圆，高不过眉，低不过膝，当在外划一圆弧后仍回到面前。（图4-26）如此，两手掌一左一右划圆，如拨开云雾见天日一样。

图4-26

注意：不管两手掌怎样划拨，但两肩要下沉，两肘要贴肋部，像肘尖也在两肋部划圆一样。

要点：练此式时，一定要缓慢轻柔，不得用僵力。

（二）采气补身

立正站定，左脚向左开一步，与肩同宽，成开立步，身体中正；头要上顶，项要竖直，下颌内收，闭唇叩齿，舌顶上腭；双臂垂肘竖肱，双手掌心向外，五指揸开朝

上。（图4–27）

左右两掌在身体前面并齐，双臂一起自左向右划拨，在身体前面划圆；两手臂不停地自左向右作轮换运动（图4–28）；然后双臂带动双手自右再向左划圆，作轮换运动（图4–29）；就像把宇宙之气搅动起来再向人体内采纳一样。

图4–27

图4–28

图4–29

要点：此式以肩带动划圆，两掌劳宫穴从外向里吸气。此式与前式不同，前式是两手从内往外拨，就像用两手把眼前的云彩拨开；而此式是在前式的基础上，云雾已拨开，我正好从宇宙中把有益于我健康的气体往我身上采纳一样。两式站势相同，但两手的运转方向相反。

（三）摇天动地

立正站定，开左步，与肩同宽；头顶项竖，下颌内收，闭口叩齿，舌顶上腭；身体站立要中正，不偏不倚；两臂均沉肩垂肘竖肱，两掌心均向内，十指揸开向上，两劳宫穴均向面部，两臂保持一定距离。盘练时先自左向右双臂一齐做大回环运动，做36次后停住。两臂收住后再反方向地做大回环运动，即自右向左双臂一齐做大回环运动。

要点：两臂运动时要用腰脊带动，两手、两臂、两肘均相互配合，全身一齐动转，整体运动要松柔，不得用僵力或拙力。

（四）芙蓉出水

立正站定，左脚向左开一步，两脚距离与肩同宽，身体中正，不偏不倚，头上顶，项竖直，下颌内收，闭口叩齿，舌顶上腭；双手合十，两劳宫穴相对，十指相合向上。（图4–30）

先调息，调息均匀后两掌自鼻前向面部左方摆去。（图4–31）

图4–30

图4–31

然后再经胸腹左部向右弧形运动。（图4–32）

图4–32

如此循环，整个动作是双掌在身体前面做了一个圆形运动。

上势做完，两掌仍合掌收在鼻前，自鼻前向面部右方划去，经右胸部向右下，经右膝再向左膝再往上，从左膝到右腹部一直到头部的上方，自右向左绕一圈到鼻部前停住，仍是两掌在身体前面做了一个环形运动。

要点：此式看似两臂两掌在运动，实际是整个身体都在做屈伸运动，人的身体从下而往上，就像从水中生出的芙蓉出水后随风摆动一样。这个动作从开始到结束都强调身体松柔，动作舒展，以意领气，要想着我就是一个“小荷尖尖”慢慢升出水面，汲取新鲜空气，拥抱大自然。

（五）全身一贯

身体直立，两脚相并，立正而站，身体要正直，头顶项竖，下颌内收，闭唇叩齿，舌顶上腭；两掌合掌如“童子拜观音”，然后整个身体做陀螺式螺旋转动，先由左向右，意念由下往上，旋到身体不能再高时，再由右向左，意念由上向下；然后整个身体先顺时针再反时针方向旋转，也是自下往上，到一定高度时再从上往下旋转。在旋转时可默念1到36，从下向上数36下，从上向下也是36下。一直到地下极深处。

要点：此式的动作幅度是由大动到小动，再由小动到大动，但要做到无思无虑，空静寂然。

（六）手招仙鹤

身体立正而站，左脚向左开一步，与肩同宽，成开立步；头顶项竖，下颌内收，闭唇叩齿，舌顶上腭；两臂伸直，两掌竖掌，掌心向外，十指揸开向上，两臂与身体成十字形，进行调息。（图4-33）

图4-33

右臂收回，右掌掌心向内，五指自然揸开贴向右胯处；左臂仍伸直，掌心向左，五指自然揸开向上，手臂按顺时针方向做环形运动，共做36次。（图4-34）

左臂收回，左掌掌心向内贴在左胯处，五指自然揸开向下，右臂伸直，掌心向右，五指自然揸开向上，手臂也按顺时针方向做环形运动，共做36次。（图4-35）

图4-34

图4-35

说明：此式在运动时一般人可能转几下就会臂部酸麻，这正是两臂在换劲，一定要坚持，至少做36次。

要点：此式要意守劳宫穴。

（七）千斤坠

身体站立，左脚向左前上一步，脚尖点地，头顶项竖，下颌内收，闭唇叩齿，舌顶上腭；右臂先向右上方高举，五指揸开斜向右前方，左手护在右肘弯处。（图4-36）

然后屈臂竖肱，沉肩垂肘，右手攥拳自右上方向内屈臂收回向下打坠肘，拳心向里，拳眼向外，肘尖在右胸下方，左手不变；两腿一起下蹲；眼视右肘尖。（图4-37）

图4-36

图4-37

左臂向左上方高举，左掌高举到头部左上方，掌心向前，右掌附在左臂内侧。（图4-38）

图4-38

然后屈臂竖肱，沉肩垂肘，左手攥拳自左上方屈臂收回向下打坠肘，拳心向里，拳眼向外，肘尖在左胸下方；两腿一起下蹲；眼视左肘尖。（图4-39）

图4-39

要点：左肘在左方下坠时，右手向右外划动；右肘在右方下坠时，左手在左方也外划助力。其实两手两臂均在做对称性互动，但重点是在打坠肘。

三、心意平压降压功

高血压是中老年常见的疾病，有些来自先天遗传，有的则是由于后天长期精神焦虑、紧张、摄取过多食盐或吸烟较多引起的。随着生活节奏的加快，人们在心理、工作、生活上承受的压力愈来愈大，高血压的发病率呈逐年上升的趋势。高血压的症状是患者时常出现头晕、脑胀等，并且由血压升高所引起的心脑血管疾病也随之增加。目前，高血压的治疗大多采用服食降压药，但对于稳定血压、巩固疗效尚存在许多有待解决的问题，并且，常期服用降压药会引起副作用，且一旦停服，血压又会升上去，所以，在治疗上有许多麻烦。

用心意疗法治疗高血压，对于调节机体新陈代谢、增加身体免疫功能、降低并控制血压有一定的疗效和积极的作用。如果坚持用心意疗法降压后，巩固疗效以及改善因高血压而造成的不良后果具有明显的功效。

（一）预备势

自然站立，两脚分开，与肩同宽，两膝略弯曲，呈半下蹲势；全身放松，舌顶上腭，两眼微闭，微微下视；两手向下垂放于两胯旁，五指揸开，掌心向里，进行调息。

（二）飞鸟桩

接上势。十指弯曲呈钩状，两掌从两胯旁上提，掌心向下，两臂成鸟飞状，但要松肩坠肘，全身不得有一处僵硬。保持这种状态站桩，意念有一股清凉之气和纯净的泉水自头顶顺身体流淌而下，这样站桩约10分钟。

（三）吸清排浊

全身松柔，思虑平静，进入虚灵清净状态，先以意领气，从百会穴顺印堂穴过人中下喉，分两路走两肩肩井穴，下肘过曲池穴，从十指指尖排出浊气，再从两手劳宫穴吸收天地之灵气回归印堂穴；然后从印堂穴顺中线过膻中穴过气海（下丹田），经会阴走两腿环跳穴直达涌泉穴，将身体内之浊气排向地下3尺，意守地下3尺处，停一会儿后呼气。接着，从两足涌泉穴吸地下纯阴之气，顺两腿委中穴上升达会阴穴过长强穴、通夹脊直上玉枕穴，冲玉枕到百会穴。这样，排浊吸新，清气上升，浊气下降，泄火降压，会感到头脑清醒，精气充足。

（四）调运任督

自然站立，两手心向上相叠放胸前，男左掌在上，右掌在下，女右掌在上，左掌在下；然后两掌心均向内（胸部），由上向下顺胸部由中线向下推、挤、按，从膻中穴一直运使到下丹田，呼气；然后两掌再从下丹田往上回推、挤、按运使回到膻中穴，吸气。一来一往为1次，共做81次。

人的中线前为任脉，后为督脉。任脉上有许多穴位，上有胃脘膻中穴，下有气海穴。两掌相叠上下推、按、挤，不但可以促进食物的消化，还能加速血液循环，改变血液流量，对改善人体的新陈代谢和人体免疫功能都有一定的好处，还能起到减肥去淤和降低血压的作用。

（五）按压劳宫

自然站立，两手攥拳，用一手中指指尖顶点另一手手心劳宫穴部位，做攥紧松开的动作，每攥紧松开1次，就用中指指尖顶点手心劳宫穴1次，共做81次。手攥紧时吸气，松开时呼气。（图4-40、图4-41）

图4-40

图4-41

按照心意拳谱的“顶心往下，足心往上，手心往回”的说法，练者两手劳宫穴与天地之气相通，可调节人体的呼吸，改善人体机能，增强机体活力。

（六）摩拽耳轮

自然站立，两脚与两肩同宽；用两手食指顺耳轮外做环形摩揉运动，先自耳前，往上到耳轮上部，再往耳后向下；接着又由下往上顺原路线到耳上再往后往下。共摩揉81次。

用两食指顶住两耳孔上部做圆形按摩运动，共做81次；然后再用两手食指顶住耳孔下部也做圆形按摩运动，共做81次。

两手大拇指与食指捏住两耳轮做下拽耳轮运动，下拽时吸气，放松时呼气，共做81次。

人的两耳为肾之窍。通过摩拽耳轮可以起到强肾健体的功效。另外，人的耳外四周有一降压带，按摩此处可以起到平压或降低血压的作用。

（七）按压涌泉穴

此动作可分凳坐势和盘坐势两种方法。

（1）凳坐势

取一木凳（或坐床沿也可），按正常坐法坐下，先把左小腿放在右大腿上，左手按住左小腿，右手食指（大拇指也行）掐压或者敲击左脚脚心涌泉穴（图4–42），共做81次。放下左脚着地，再把右小腿部放在左大腿上，右手按住右小腿，左手食指掐压或者敲击右脚脚心涌泉穴（图4–43），共做81次。

图4-42

图4-43

（2）盘坐势

练功者盘坐在地上、床上均可。静坐一会儿，调息，呼吸均匀后，先用左手掐压或者敲击右脚心涌泉穴81次。再换右手掐压或者敲击左脚心涌泉穴，也做81次。在掐压或者敲击涌泉穴时，意念引导体内的浊气从两脚心涌泉穴排出体外。（图4-44）

图4-44

涌泉穴是人体三大保健要穴之一，按摩脚底涌泉穴可以起到调节人的心身的作用，而且涌泉穴也是人的良好降压穴，经常按摩、掐压和敲击此穴位，可以起到降低血压的作用。

（八）注意事项

练此功时要“大饥勿练，大饱勿练，阴雨、大雾天勿练”。

全套功法要求动中求静，动静结合，以轻灵和松柔为主，不能用僵硬力。

功法练完之后，最好能再练一套心意太极拳以增加功力，提高疗效。

四、睡功

睡功就是平常所说的行、住、坐、卧的卧功，就是睡倒练功的意思。心意拳的功法可以分为行、住、坐、卧，均可以练功，其方法也有多种。为简便起见，这里只介绍一两种以备学习者参考。

（一）几种睡法

1. 仰卧式之一

身仰卧，面部朝上；两前臂抬至胸前，松肩撑肘，肘离床面半尺左右，十指分开略屈，似有松紧带相连，用意撑拉两臂；两膝提起，两脚跟着床，累时双脚平放床上，肘部着床，闭目似睡。

2. 仰卧式之二

身仰卧，面部朝上，头部枕于枕头上，枕头高低相宜；两前臂抬至胸前，松肩撑肘，肘似贴床，十指分开撑夹，手心向脚；两膝提起，弯曲约45°，脚跟着床，累时两脚平放下踏，肘部下落着床，自感心胸浩瀚。

3. 仰卧式之三

身体仰卧，面部朝上，闭目、嘴微张；两腿平伸，脚距离约等于或小于肩宽；双手贴于腹部，然后两手轻轻抬起，自上而下按摩丹田区域9次；累时如仰卧水中荡漾，体会自身似被大气包裹，合为一体，达到入睡状态。

4. 侧卧

右侧卧势。两腿微屈，左腿放在右腿上，左手放在左腿上，右手臂屈曲放枕旁；设想自身卧于温水池里浮动，静听风吹树叶沙沙响，似有房檐流水滴答声，不知不觉朦胧入睡。

以上几式均应注意心神安祥，去除杂念，“神不外驰，意不露形，形不破体”。神态要求轻松自如，蓄意要深厚、雄浑，力量要稳准虚灵。无动不机，无极不趣，虚灵守默，而应万物。主要是神意为主，不求枝节。意在整体与内部，不要使局部破坏整体的统一，不要因外部动作影响内部失调，要浑身感觉轻松自如、心旷神怡，好像沐浴在天地大自然之中就好。

（二）床上功法介绍

以下几个式子，不但可以使心神安宁，而且可以使血压平稳，对于糖尿病下肢血流不畅引起的下肢坏死有预防或治疗作用，练者可以一试。

1. 摇双脚

身体仰卧，平躺在床上，面部向上，双腿伸直，两脚并拢，脚趾朝上；然后用双脚同时先向左摇动，然后双脚再同时向右摇动，这样一左一右摆动，共做81次。

2. 碰脚

睡法同上。两脚并拢，脚趾朝上，然后两脚向左右分开，再向一起并去，以两脚相碰为宜，共做81次。

3. 勾脚运转

睡法同上。两脚始终并在一起，用脚掌先从左向右划一圈，到原来位置，为正转。共转81圈为一式。

然后从右向左再运划一圆圈，为反转。共转81圈为一式。

4. 勾脚

睡法同上。两脚并齐，脚前掌向上，然后两脚十趾一起向床的那头（反方向）勾去，意念在脚心内缩，然后脚趾再回收回，脚掌恢复到原来摆放的位置。共做81次。

5. 屈膝蹬腿

身体仰卧，面部向上；先将两腿伸直，屈左腿，尽量向胸部屈来，然后用力向床的另一头方向蹬去。再换右腿，也是屈腿，尽量往自己胸部屈来，再向床的另一头方向蹬去。两脚各蹬81次。

6. 踵摩脚脖

身体仰卧，面部向上；两脚并齐，先把右脚踵放在左脚踝处，一上一下各摩擦49次；再换脚，把左脚踵放在右脚踝上，也是一上一下各摩擦49次。

脚踝上的解溪穴属阳明经，按摩此处可以治疗头面浮肿、足膝痿痹。另一穴位商丘穴属太阴脾经，主治脾积痞气，饮食不化。在足厥阴肝经上的中封穴可以防止阴缩入腹、腹痛、不得小便、腰痛等。以上不管哪种练功方法，都要求意念在脚心的涌泉穴。

关于睡功，以上介绍的均是动功，其修炼还要懂得睡功的要领和意义。这里，笔者引用一下古人对于睡功的文字作为参考。《睡功总诀》中说到："龙归元海，阳潜于阴；人曰蛰龙，吾却蛰心，默藏其用，息之深深；白云高卧，世无知音。"我们从这里知道，睡功主要是修炼"阳潜于阴"。这就要求在做睡功的静功时，一旦入静，一阳初动，内炁逐渐开始充盈全身四肢百骸，进入一种内息不调而调的自动调控状态。这是从内息调控的角度来讲的。有些同志从动功的角度来修炼，但这样只是为了增强新功能。古人有谓“十六锭金”口诀：“一吸便提，气气归脐。一提便咽，水火相见。”笔者将此口诀介绍给大家，以供同志们在补肾强肾时作为一种辅助功法。

第五章　心意拳四把捶的养生理论

一、心意拳的“三性”调养法

心意拳是既注重实战搏击又注重丹田功，还注重内养、内练的拳法。内养、内练首先要注重对“三性的调养”，才能逐步达到内强外壮的目的，才能祛病健身、强健体魄，达到延年益寿、拳术上乘的境界。

什么是心意拳的三性呢？《心意拳谱》指出：**“眼为见性，耳为灵性，心为勇性。”**心意拳的修炼者一定要做到“眼中不时常循环，耳中不时常照应，心中不时常警醒”，精灵之意在我，庶不致为人谋。这才是真正懂得心意拳的内功修炼。

（一）眼为见性

眼为人的“监察官”，它又为心之苗，是为见性，它能见到物体，能洞察万物。这是修炼拳术的第一要义。武术所谓手、眼、身、法、步，可见眼在武术中的重要性。中华医学认为：眼之官在肝，“肝开窍于目”“肝气通于目”。按照中医“久视伤目”的学说，平时对眼睛的养炼就要多修心养性。对于三性的修炼，古代长寿之人、修炼家彭祖在《摄生经》中曰：“**目不视不正之色，耳不听不正之声，口不尝毒粝之味，心不起欺诈之谋。此之数种，乃亡魂丧精，减折算寿者也。眼多视则贪姿，口多言则犯难，身多动则淫贼，心多希则奢侈，未有用此四多而天下成治也。**”（《仙传拾遗》）。道家祖师老子说：“**五色令人目盲，五音令人耳聋，五味令人口爽。**”（《老子》）。因此，修炼心意拳，首先在修心养性时要闭目养神，静坐静守。静坐而能定，定而能生慧，慧而能生灵，灵而能生神，这也就是“心生神”，而灵力、神力是心意拳所追求的上乘境界。我们在练习心意拳时，要眼睛专注，韬光养锐，眼睛要往前看。盘练式子时要眼随手走，手随眼转，不练拳时则不能看这看那。因为看的东西多，反映到脑子里的东西就多，思考的就多，易出杂念和妄想。特别是对色不能多看、多想，色是杀人的钢刀，对练习心意拳的人要求，“能面对色欲而不起淫心”。古人说：“人之初生至童少，情窦未开，故不知色欲，而精气未动。随其年事渐长，男女相阅，自然知其事理，而欲难禁也。”如果人有了色欲，两情相爱，自然就会产生性的接触，不问交与不交，都会精气离体，造成修而无功可言。道家和医家都认为精能生气，气能生神，所以欲心不去，潜念萌动，对色欲产生精离宫而泄，即使不泄，精气衰矣！如果坚持面对色欲不动心，则能“断却淫根即是仙”。可见，修炼心意拳对眼睛的重要要求是少视寡欲。我们在练心意拳时要“心与眼合”，不去多视，这样眼睛就会“心与眼合多一明”，达到心肾相交，自然会心明眼亮。与敌动意搏击时，敌人一动，我就能把敌人的一举一动观察得清清楚楚，早有防备，就能见招打招，见手截手，见足截足，就会心动如火焰、“肝动如飞箭”，这样，还怕在搏击时不能战胜敌人吗？再一个是眼藏神，眼不多视，可以使神不离位，元神得到安逸。

作为养身，还要知道“肝藏血”的理论。肝可以贮藏血液、调节血液，“人动则血运于诸经，静则血归于肝脏”。所以，我们除了正常的心意拳修炼外，还要多注意静坐静养。另外，肝者在脏为木，主为将，使之候外，它还有防御外侮、抵抗病邪的功能。我们平时要注意不能大怒，怒伤肝。《心意拳谱》上说“指（爪）为筋梢”“肝生筋”，这说明肝与筋、筋与四肢关节的屈伸运动都有关系，故注意养肝是“三性调养”的重要一条。还有一层，人体的肝经下走绕阴器走一圈，这也是人类保持健壮的体魄、能够很好地延续后代的一种保存能量的好方法。保护肝脏对于男人很重要，三性修炼中的眼睛练养更重要，练习心意拳的人注意对眼的调养是“三性调养”的重要的一条，我们不能不去重视。

（二）耳为灵性

耳在人体为“监听官”，具有灵性，能听到声音。耳为肾之官，肾在上部开窍于耳，在下开窍为前后二阴，故《灵枢经》中有“肾气通于耳，肾和则能闻五音”之说，还说“耳高者，肾高；耳坚者，肾坚……”中华养生学家编纂的书籍中也说：**“炼精者炼元精，非淫逸之精；炼气者炼元气，非口鼻呼吸之气；炼神者炼元神，非心意念虑之神。故此神、气、精者，与天地同其根，与万物同其体，得之则生，失之则死。”**（《中国养生大成·群仙珠玉》）。在这本书中又说：“养耳力者常饱，养目力者常瞑，养臂力者常屈信，养股趾者常步履。”（《褚氏遗书》）

还有，人类的两耳内还有平衡自身的神经，耳部一旦受到别人的打击或者攻击，都会失去平衡而站立不稳，所以对耳朵的修炼和保护非常重要。因此，我们平时要做到耳朵不多听，多听失聪，多听则心会多思。嘈杂的声音会使人心里产生烦躁，烦躁不仅不能使人平静，更会使人生火，生火就不能很好地修炼。另外，街头巷尾的闲话、三姑六婆的嚼舌、人前背后的造谣等都不能入耳。《心意拳谱》中引用了圣人的话：“非礼勿视，非礼勿听，非礼勿言，非礼勿行……”否则，入耳就会引起多思，必然心烦意乱，心烦意乱就必然会导致气血紊乱，说不定会气血冲脑。所以，心意拳要求练功者平时就要心平气和。古人很早就很重视对肾的保养和修炼，并且为肾找到修炼的方法。古人有方曰：“肾有久病者，可以寅时面向南，凝神不乱思，闭气不息七遍，可引颈咽气服之，如此七遍后，饵舌下津无数。”

耳的调养也和眼一样，练时要“心与耳合”，心与耳合就会多一灵，这样能够保持人年老以后不会耳聋，或者听话不清，用在与敌实战搏击时就会注意敌方的动静，不管敌人在我面前背后，他们的一动一静皆在我的聆听之下。与敌人动战，有风吹草动，我有应必发；没有风吹草动，我也静极生灵，灵极生神而神知八方，这样自然就能“肾动快如风”，在与敌人搏击时还怕不能胜利吗？

（三）心为勇性

心为勇性，开窍在舌。心能感知，所以会产生勇敢；心为君主之官，主神明；心是人体生命活动的主宰，在脏腑中居于首要的地位。所有精神意识思维都是心脑功能的表现。《西山记》曰：“**从道受生谓之性，**

自一禀形谓之命，所以任物之心，心有所忆谓之意，意有所思谓之志，事无不周谓之智，智周万物谓之虑。”还说：“心之神发于目，肾之精发于耳。”《道德经》曰：“五色令人目盲，五音令人耳聋。”《灵枢经》载：“**心者，五脏六腑之大主也，神精之所舍也。**”《素问》载：“**心藏神**。”又曰：“**得神者昌，失神者亡。**”又曰：“**心者，生之本，神之变也。**”可见对三性中“心为勇性”调养的重视和对心的调养的必要。

练习心意拳内功对心的调养，要求心平气和，不能多思，多思伤神，多思必不能思想集中。另外，多思会伤肾，使肾水枯竭而造成“心肾不交”。但也要注意不能大喜，大喜伤心；不能心火太旺，心火旺盛则必然心血不足，精神损耗。心意拳内功修炼者要能做到心不时常惊醒。心的调养是平静、镇定的，平时心中不能一惊一乍的，要保持心定，不能散神。在练习心意拳时要心与意合，法与一贯，要闭口叩齿，舌顶上腭。心火得平，肾水自安。这样，体健身壮，精神旺相，动战时其身背后有物，一静一动，必入于耳，眼观之而心动矣！故曰：“三性调养”者乃艺中之妙用也，练心意拳的人要从平时的调养中修来。

眼为心之苗，是为见性，能见到物体，能洞察万物；耳为灵性，能听到声音，敌方的一动一静皆在我的聆听之下；心为勇性，能感知，所以会产生勇敢。调养好这三者，武艺技击就会登上上乘的境界。

心意拳内功修炼，可以达到心、肝、肾的健康。实际上，三性者，心、肝、肾也。三性的调养就是对人的心、肝、肾的调养和修炼。目之所以能视，耳之所以能听，口（舌）之所以能言，肢体之所以能运动，一切思维意识及形体活动无一不是“神”在人体中发挥作用、所表现的各种形式。我们对三性进行调养，是眼不视而魂在肝，耳不闻而精在肾，口不言而神在心。这样，炼精化气，炼气化神，炼神还虚，故能三花聚顶，常修则能入大道之境。不要说练心意拳内功的人要进行三性调养，就是一般的人，要想健康，要想有一个健康强壮的好身体，都必须进行三性的修炼。古人曰：“无心得大道。”所谓“无心”就是指人的心境要保持常清常静，能常清常静则天地悉归，还愁大道不成吗？这三性在人体，口为天关，足为地关，手为人关，谓之三关。三关调则五脏安，五脏安则举身无病。男性同胞更要注意的是，一旦进入40岁以后，一定要加强对三性调养的锻炼。因为，人的肾和神在眼，眼不视则少思，眼睛看得多，心里想得多，特别是人见美色则多贪淫，贪淫则淫精多流失，会造成肾亏；心性发淫则生殖器自然就会发硬，则肝气到也。人身有三条经通过生殖器，所以男性同胞更要注意三性的调养，否则眼见、心想、器硬，三者神伤身体更胜。而注意对三性的调养，则会眼不见，耳不闻，身不动，这样养精蓄锐，身体自然会强壮、健康，没有疾病，故三性调养对男同志更有好处和意义。

二、心意拳的“四大”与“四大”的修炼

（一）心意拳的“四大”

心意拳文化是含有多家学说的综合性文化，其中道家、医家、释家思想文化的成分多一些，心意拳的修炼采用道家、医家、释家修炼的理论和方法。

安徽蚌埠、河南等地的抄本《六合拳谱》中有这样一句话：“要知好路走，还在四梢求。四梢发起不知凶，牙关骨梢不知情，筋骨行动不知心，身起未动不知情，才知灵山四大明。”特别是“才知灵山四大明”一句，这是心意拳关于修炼“四大”的论述，也是心意拳对“四大”的一种修炼要求。但是，由于练拳的人文化程度不同，对于这个“四大”的论述，很多人都不懂，因此，练拳者在请别人抄谱的时候，这些文字就被改成这样：“牙梢肉梢不知情，筋骨发起不知筋，身起未动可知情，才知灵心大光明。”到了山西另一抄本中就成了这样：“血梢发起不知

凶，牙梢肉梢不知精，筋骨发起不知筋，身起未动可知情，才如灵心大光明。”看得出来，很多传抄人想当然地把“灵山四大明”改成“灵心大光明”了。这样一改，就改变本来的意思了。

要想分析“四大”在心意拳内功中的重要性，首先要了解心意拳的特点。心意拳不仅疾毒勇狠，实战性强，而且专门研究养生保健，是实战与养生并重的上乘拳法。

既然要养生，拳术中不可能不借鉴道家、医家、佛家的养生理论和养生方法。《六合拳谱》中关于“四大”的论述就是借鉴的证明，它是借用道家、释家的养生方法来教导心意拳练家，使其练成健康的身体，掌握高超的技击能力。

在中华传统文化中，“四大”就是地大、水大、火大、风大。佛家讲地、水、火、风；道家则讲土、水、火、气。这“四大”实质的认识虽有差异，但都认为“四大”是组成世界物质的基本元素，是人类生活绝对不可缺少的。

1. 中医对“四大”的论述

医家认为：“四大忽分离，一物不得将。”（清·陆以湉《冷庐医话》）意思是说，人身体的养练是整体的，忽视了哪一部分都不行，因此，“四大”的修炼要一齐修。从医学的角度说明了“四大”均衡在人体的重要性。

2. 道家对“四大”的论述

道家认为组成世界的是土、水、火、气四种物质。水、土、火不言自喻，对于气，道家认为气是世界上包括人类等生物体在内，一时一刻都不可缺少的能量，它是人类（包括动物、植物等等）存活的基本元素。不仅如此，道家为此还有一套完善的修炼人体“四大”的具体方法。道家对“四大”的论述：“**正坐升身、气满四大，血络通行，荣卫和畅，是布气焚身之法也。**”（《西山群仙会真记》）

3. 佛家对“四大”的论述

佛经《俱舍论》说：“**四大者，地、水、火、风也。此四者广大，造作出一切之色法，故名四大。**”（《中国佛教气功》）

我们再具体一点地说，地以坚硬为性，水以潮湿为性，火以温暖为性，风以流动为性。世间的一切有形物质，都有坚、湿、暖、动之四性，故称为“大”。

阴阳的对应是天地滋生万物的源泉。一元生两仪，两仪生四象。这四象就是地、水、火、风。地是土地，水是水分，火是阳光，气是空气，这四象也是六合心意拳中对应人体的。如果人的身体四象不净，就会生404种疾病。或者可以这么认为，诸如人体的毛发爪牙、皮骨筋肉等是坚硬性的地大；唾涕脓血、痰泪便利等是潮湿性的水大；温度暖气是温暖性的火大；一呼一吸是流动性的风大。

在自然界，这“四大”又表现为“植物的枝干是坚性的地大；植物体内的水分是湿性的水大；吸收土壤中的养分以发育是暖性的火大；吸收碳气吐出氧气是动性的风大”。星球表面的山石大地是坚性的地大；掘地得泉是湿性的水大；其内部的岩浆是暖性的火大；星球与星球间互相吸引是动性的风大。由于“四大”遍及于一切物质现象之中，所以，佛经称之为“四大种所造诸色”。这就是“四大”的性质表现。

《六合拳谱》中说道：**“筋骨行动不知心，身起未动不知情，才知灵山四大明。”那么心意拳“四大”即是指：（1）地大：指皮、肉、筋、骨。（2）水大：指精、血、涎、唾、涕、尿。（3）火大：指体温暖气。（4）风大：指呼吸运动。**

修炼“四大”，就是指只有修好身体的骨、肉、血、气，练拳者的身体才是健康的、强壮的。姬隆丰借鉴了佛、道、医等多家养生修炼的思想，才写出了《六合拳谱》，《六合拳谱》中才出现了“才知灵山四大明”之句。

（二）“四大”的修炼

1. 横捶

（1）横捶熊势

两脚平行站立，微下蹲，与肩同宽；两手掌心向上，向胸前平托起，五指自然揸开；头顶项竖，下颌里收，闭口叩齿，舌顶上腭；两眼向前方视去。（图5-1）

图5-1

盘练时，左脚向前进半步，落地后屈膝下蹲，全脚掌着地，右脚跟步，五趾抓地，全脚着地，两腿均屈膝下蹲；同时，左掌随身体屈曲下蹲向下插，左臂松肩垂肘，五指揸开一直插到左脚踝内侧；右手握拳置右胯前；头顶项竖，下颌内收，闭口叩齿，舌顶上腭，眼向前上视。（图5-2）

劲意：整个横捶打的是恨地无环之劲。

（2）横捶鹰势

接上势。左脚向前进一步，落地后五趾抓地，左腿屈膝成弓步，右脚原地不动，右腿挺直成牮柱步形；同时，左掌由下向上挑出，右拳由左腮前也先向下、再向前上方钻击而出（提击）；当与左掌相合时，用左掌虎口扣住右拳，拳掌合力，一起向上、向前击出，高与口平，两肘要坠，两臂不能伸直；头顶项竖，下颌里收，闭口叩齿，舌顶上腭，眼向前看。（图5-3）

图5-2

图5-3

2. 鹞子入林

《拳谱》曰："鹞子入林加反背。""鹞子入林"在四把捶中属水。此式可以接着横捶练，也可以单独盘练。我们介绍的是接着横捶后面练习，这样套路和势子更紧凑、更连贯一些。

（1）鹞子入林右势

接上势。以左脚为支点，身体向右转，左肩领前，这里有一个如虎转向和反背的劲意包含在内；两肘里收贴肋，右臂屈肘，前臂竖起，拳变掌，竖起，掌心向左，五指自然揸开向上，随转体而左拨；左掌掌心向上，五指揸开向右方，臂置腹前、右腋间，两臂交叉成十字手式；头顶项竖，下颌内收，闭口叩齿，舌顶上腭，首先头面向右后转去，眼神先先后看，再向左前方看。（图5-4）

图5-4

（2）鹞子入林左势

以右脚为支点，身体向左转，右肩领前，两肘里收靠贴肋部；左臂屈肘，前臂竖起，竖左掌，掌心向右，五指自然揸开向上，随转体而右拨；右手变掌，掌心向上，右臂置于

左腋下；头顶项竖，下颌内收，闭口叩齿，舌顶上腭，头面先向左后转去，眼神先后看，再向右前方看。（图5-5）

图5-5

注意：此式在心意拳四把捶中属水，可以反复练习。练到此处，可以上左步打挑领左势，也可以直接上挑右臂、向右后转身，再打鹞子入林右势。这里完全可以按照心意拳的要求随心所欲地练习。

3.挑领

（1）挑领熊势

轻步站开始。左脚上前半步，落地后五趾抓地，屈膝下蹲；右脚由后向前经左脚迈一大步，超越左足，屈膝；同时，左掌由小腹前变掌心向右方，五指揸开向上，由下往裆前上推击，屈臂护左胸部；右掌掌心向左方，虎口向前，用力向下劈击去，一直劈落到右脚踝处停住；肩要下沉，用肩催肘、肘催手，气力要节节贯通，全身要合，为束式；头顶项竖，下颌内收，闭口叩齿，舌顶上腭，眼向前看。（图5-6）

（2）挑领鹰势

接上势。左脚不动，腿部蹬劲，身体上起，右脚向前进一大步，落地后右腿屈膝前弓，成右牮柱步；同时，左掌由胸前变掌心向下，五指揸开向前，顺胸腹部向下按劲，一直按到裆前；右掌从右脚踝处向上挑出，要高过头部，掌心向左，五指揸开向前上方；头顶项竖，下颌内收，闭口叩齿，舌顶上腭，眼向前平视。（图5-7）

图5-6

图5-7

要点： 此把打的是展放劲。在技击上有“硬开三皇锁”的硬劲法，是通过头门直进中门，一直到三门的攻击法。

注意： 此式也是熊势为束，为合，为蓄力；鹰势为展，为开，为发力。束时要全身缩束，全身如绳索捆绑一样，展时要像身体崩断捆绑绳索一样，又像压缩的弹簧弹起一样，其劲力如山崩、如堤决。两手掌一掌上而另一掌下，对称而合，对称而开，是均匀的二争力最好的练习。一束一展、一开一合、一起一落、一上一下、全身一动而无不动，能练出心意拳的“恨天无柄，恨地无环”的决断力和敢与天地相较衡的豪霸之气势。

4. 车轮斩手（车行如风）

“车轮斩手”在四把捶中属风，风在道家则说是气，气动成风，风动气流，实为一也。

（1）车轮斩手起势

轻步站开始。身体重心前移，右脚五趾抓地，左脚提起成斜势，脚掌向右，用脚斜向右前方刮地风踢出；同时，左掌自裆前掌心向右，五指揸开向前上方，右掌自右胯前掌心向左方，五指揸开向前上方，两掌心相对；两掌在两臂上起的同时一起向前上方掤劲挑出，两臂再屈肘，抱成虎抱头形往上挑击，两肘尖前顶，两掌心相对，一起向上展开；然后双掌一齐向下斩截，成双手下斩的形势；头顶项竖，下颌里收，闭口叩齿，舌顶上腭，眼向左前方看去。（图5-8）

（2）车轮斩手落势

接上势。左脚落地成脚心向右方，脚掌斜向前，两腿均弯曲，束缩成坐盘势，左腿在前在上，右腿在后在下，左脚成脚心斜向前；随着身体下落，两掌一起下斩，然后从两胯旁向前抄出，掌心均向上，十指揸开向前；身体起立成剪子股势，头顶项竖，下颌里收，闭口叩齿，舌顶上腭，眼向右前方看。（图5-9）

图5-8

图5-9

以上四势可以任意串换练习，也可单练一势再续练他势。总之，这四个动作是练习心意拳的“四大”的专门式子，就是心意拳的“四相”。学习的人可以反复练习，反复体悟，时久自然可以强身健体，精神旺相。就像《拳谱》中说的那样：“四大明后，身体无病。”

三、灵劲上身天地翻

心意拳有哪些劲道？

心意拳含有五劲，即踩、扑、裹、束、绝。在练功的过程中，总体上来说有刚劲、柔劲、化劲三步过程。在实战搏击格斗中若细分之，则有寸劲、整劲、斩截劲、吞吐劲、抖弹劲等等。

这些劲如何区分？

踩、扑、裹、束、绝，这五劲是指心意拳的身法而言。刚劲、柔劲、化劲等是指心意拳练功的具体三步练法和技法上的发劲。练法的劲与打法的劲是不同的。如踩劲，踩只是控制敌方使其不能进退，而寸劲正好是敌人进退不得的时候，我击敌时再发出的劲，它可以将敌人打倒，又脆又快。又如裹束劲，这只是心意拳进攻前的蓄劲，蓄而后发，才是打。又如绝劲，它是心意拳决断的劲，斩劲、截劲就是绝断劲，斩截也是战术上的阻止和截击击打敌人的劲力。

（一）心意拳的灵劲

人和动物都生活在大自然之中，然而，人为五行之秀、万物之灵，所以，人既能创造世界，也能改变世界，这就是人的灵性。而动物中的食肉野兽，它们因为要生存，受饥饿的驱使，为了裹腹的需要，所以就强肉弱食，为了自己的需要去追杀猎物，捕杀小动物，在追击和搏斗中，它们是凶狠的、有兽性的。在食肉动物追杀小动物时，其与被猎物的搏击，以及杀死猎物并吞食食物时是血淋淋的，所有这些活动都是残忍的、兽性的。当然，在动物界，凶猛的食肉动物要追杀小动物，小动物为活命而拼命地逃遁，这些就有动物的灵性在内。例如老虎追逐小羚羊，老虎在后面拼命地追，小羚羊在前面拼命地逃。这里，羚羊为了摆脱老虎的追杀，在奔跑中不断地转弯，利用不断的转弯来使老虎不好掌握追捕的方向，这种不断转换逃跑方向，也可以使老虎降低追击的速度，这就是羚羊的灵性。而老虎在捕食羚羊的过程中也会反复总结经验，在追捕之前，它也有自己的方法：尽量悄悄地接近羚羊，以最近的距离和最快的速度抓住猎物；在转弯的地方，不断地伸出爪子去拦截羚羊。这就是老虎的灵性。

动物的灵性还表现在受豢养它的主人的训练。有的动物如犬、猫等，由于他们被人类所驯养，与人类有了一定的相近习性，他们也可能做一些简单的人类的活计。如上海电视台报道，有一户人家养的犬可以倒垃圾、买啤酒，进家以后还有随手关门的习惯，即可以替主人做一些简单的事，所有这些，可以说这只犬有灵性，也可以说成它有了一些“人性”。还有一个报道：一人养两只母鸡，一只被杀，另一只绝食而死，你说这鸡没有灵性吗？还有，一个人养了一只鹰，让给他看守车库。一次来了一个偷车贼，被这只鹰抓伤一只眼睛，警方根据鹰爪上留下的血迹，很快就破了案。所有这些都说明，动物有兽性，但也有灵性；而人有灵性，也同样具有兽性。还有，很多动物有可爱的灵性，如鸡能够准时打鸣、老马能够识途等等，还有的动物在饥饿、嬉戏的时候，又表现出灵性高于真性的基础上的智慧运用，这就是动物的灵性。

六合心意拳是模仿鸡、马、燕、蛇、猴、龙、虎、鹰、鹞、熊等动物的拳术，所以，心意拳同样也是兽性和灵性俱在的拳术。这里所谓兽性就是有狠毒劲，所谓灵性就是有机巧劲。

我前面说过，人是高级动物，为万物之灵，但人与野兽的区别在于人有良知，有善心。人除了有良知和善心，还有道德、法律的约束，所以，人总不能为了果腹而去杀人越货，不能明目张胆地去干违法的事情，去发泄兽性。这就使人比兽类聪明，这就是人的灵性。

六合心意拳是以模仿动物生活习性以及在捕食过程中所用的搏击技巧作为拳术的基本模仿对象的，通过假借和想象，取某些动物的兽性来弥补人的野性的不足，这是六合心意拳实战的需要。心意拳在模仿龙、虎、鹰、鹞、熊、鸡、马、燕、蛇、猴等多种动物的生活习性作为人类搏击手段的拳术，因此心意拳中的动物具有凶猛、强悍、快速、毒辣、残忍等兽性，所以，心意拳的实战搏击技法就具有凶狠、毒辣、快速、威猛的特征。但人毕竟是人，而心意拳又是人创造的，所以，人创造了心意拳，这其中就有比动物还要高级的智慧在内。心意拳是智勇双全的，所以心意拳就有了灵性，它包括了刚柔相济、智勇结合的东西，因此，心意拳就更讲战术、方法、机巧、灵活在内。这就是我们把学习动物的灵性并将它用在拳术上叫做“十大灵法”的原因，也是心意拳在这十种动物的真性本能即兽性的基础上加以观察、分析、总结、提高以后得出的经验和技巧。

作为六合心意拳，先贤们在观察模仿动物的行为时，也是从动物的本性即兽性的凶、狠、猛、毒、残出发，然后再提高自己的灵性，也就是灵法。这种灵性表现在踩、扑、裹、束、绝五劲的高度完美地自然结合起来，就组成了心意拳的灵劲。我们认为：心意拳是有形和意的，但有形而无内劲，则会形蠢而呆板不灵，无以成心意拳的攻防变化的功能。但是，有劲力而无六合一体，对于心意拳的攻防作用来说，内劲也没有着落，就会散乱，也同样无法形成拳术攻守变化的功用。《岳武穆心意拳九要论》中说：“总之，机关在眼，变通在心；活与不活，固在于步，灵与不灵，亦在于步。”这就基本道出了心意拳灵劲的关键和根本。举一例说明：如心意拳的“轻步站”，是心意拳的守势，作为动物，就是它们在捕食前的准备；“熊出洞”，就是搏击已经开始；“鸡步”就是悄悄地接近敌人。《六合心意拳古谱》在谈“鸡踩步”时说：“踩步走动如窃物然。”要求踩步要轻，作为心意拳，要轻轻地、悄悄地接近敌人，才能够打到敌人。《六合心意拳古谱》告诉我们：“要想打得远，必须脸对脸；要想打得美，必须嘴对嘴。”这就给心意拳定下短打类拳术的定义，也是心意拳应敌斗敌的灵法之一。心意拳也讲究阴阳、虚实、进退、反侧。就像老虎在追击时不断用前爪去拨转、拦截猎物一样，心意拳在实战搏击时也是不断地转换左、右偏门，侧身击敌，翻身顾前后的。所有这些通过灵性的总结而产生的击技方法和形态，就是心意拳的十大灵法的由来。

（二）心意拳的灵劲表现

六合心意拳的灵劲，就如买壮图大师说的那样：“练拳容易得艺难，灵劲上身天地翻；六合相聚人难躲，遇敌好似弓断弦。”

所谓灵劲，是六合心意拳练习者由于心灵感应而产生的灵动，由灵动而产生的劲，就是灵劲。人类的这种灵劲，不光心意拳有，其他拳术或者运动类型都有，练到高级阶段都会有灵劲产生。且拿乒乓球运动来说明，当运动员球艺练到高级阶段时，双方都会产生灵劲。譬如甲方运动员发球，乙方就知道你的球发到哪方，他早就在那里等着接球了……试问，接球时乙方怎么知道甲方的球是发往自己的左面还是右面？这就是等待的乙方虽然不发球，但甲方发球时他的心的灵动已经开始，早预料对方的发球方向了。这种预测就是灵动的开始，然后，对方球一过来，他早已经等个正着。我们心意拳的灵动也产生在对方的一举一动，对方是打拳还是踢脚，我的灵性一动，就会产生灵动，有灵动就有灵劲。

六合心意拳是以顾为打的防守类拳术，因此，练习者在做每个动作时首先都是裹束，这就是防守和蓄劲。当对方的进攻发力已经耗去，劲力快要耗尽时，我裹束蓄力也正好够了，我进蹽踩扑过去，这个劲力正好把敌方打倒。这种在对方进攻我的同时，我先裹束再进蹽，同时下踩上扑，几把劲力在同一时间完成的情况下，对方想逃都逃不掉的。这就是心意拳的灵劲的产生和体用的全过程。练者可以反复地体悟。

心意拳练习者在拳术锻炼过程中，由单独的盘势到一定的程度，身体有轻灵感，动步行步有疾快感，脚步落地有落地生根的感觉，稳如泰山，坚如磐石；一动身体有使不完的劲力，出掌发拳，拳把带风，如有千钧的力气，而此时总觉丹田充实，内部鼓荡。练拳者精神抖擞，神采飞扬，这就是灵劲在练拳者身体上的表现。

心意拳的灵劲是由多种劲力组成的，其中就有裹束劲、展放劲、钻挑劲、穿透劲、螺旋劲、抽插劲等等劲力综合在一起，实战搏击时，这几种力成了复合力，因此，踩、扑、裹、束、绝等劲都能完美地、自然地、科学地产生出来。

（三）心意拳灵劲是怎样产生的

人类本身就有灵根，这在父母交媾之时，这种灵根就已经种下。当精子和卵子在母亲的子宫结合时，这种精灵已经完美地产生，然后婴儿在母亲腹中，吸收母亲的营养，得以存活并发育生长，这个灵根就是灵神。故曰："灵神者，人的真性也。"人有灵神，就会产生灵觉，有灵觉就会有灵动，有灵动就会产生灵劲。这就是人类灵劲产生的由来。当然，这种灵劲是先天的、自然的。而心意拳的灵劲是后天形成的，是由长期的拳术锻炼，加上平时对踩、扑、裹、束、绝五劲的综合练习，从心（大脑）已经产生灵感，由大脑指挥全身各部进行协调统一的动作，外有"手与足合，肘与膝合，肩与胯合"，里有"心与意合，意与气合，气与力合"，从而全身上下、前后、左右、里外都做到协调和统一。因此，心意拳的灵劲通过长期的锻炼，自然也就修炼出来了。

我们知道，优秀的心意拳家总是通过内与外的交融，才能练出心意拳的上乘灵劲，而那种只重视外形美的人是练不出心意拳的灵劲的。只有通过外部的“三合”和内部的“三合”，由外到内，再由内到外，这样三捶三盘，就像人类和面一样，只有反复地搓揉，才能将心意拳的灵劲练出来。

第六章　静坐

一、我对静坐的一点看法

此节内容由龙门派第十七代传人永远道长讲述，马琳璋记录整理。

爱好静坐的朋友们及爱徒行痴：

你们好！既然你们已经下定决心修炼心意拳内功，并愿意静坐，我对此并无多说。既然选定目标就坚持下去，坚持就是胜利。另外听说最近你们也在家打坐，现在有许多的人也包括练习心意拳的人，在练拳之余也进行打坐，这是动静两种功法在一起合修。也有人写信来问这样好不好，对此只能谈一点个人的看法。

打坐，当然是修炼的一种方法，释、儒、道都很重视。我虽然也粗浅地研究一点佛家、道家的经文，但是对于真正的佛家思想还差得太远，只能是隔靴挠痒，只能粗浅地谈，并不单指哪一家。当然，打坐这种方法是否适合每一个人还有待进一步观察、体悟。我们从历史上看，由宋代的苏东坡、近代的郭沫若，一直到伟人毛泽东，都曾经练过打坐，可以说，打坐确实是一种很好的修炼方法。当今世界，佛家、道家、儒家等的修炼，最主要的都是修身和修心并重。古人说："人心者有二，一真、一妄。"真者，真心也，不生妄心就是真心，"真心修道，万殊归一本"。因为，真心是安静的，安静就能应付一切。妄心是后天之心，也就是私欲之心，人有私心就会背道背理。只有有了真心才是大公无私，它能与天地宇宙同体，与日月同辉。所以，真心最宽大、最光明，有了真心也就会最安闲、最自在。人得真心，性命可保，万事可应。故修道的人首先要寻出真心，然后再把它培养壮大。另一个就是修身。关于修身，就是打拳或者静坐要合乎要求，身体要放松、思想要安静。

另外有一个问题：在哪里修？我个人认为，修炼的环境不一定非到深山老林、殿堂庙宇，打坐的人主要是要知道运气于通身关窍就是打坐，如果不是以神运身，坐也无用。有的人虽然找到道长或者方丈僧人，跟他们学习，但只学会了那种枯坐，那是毫无意义的。枯坐者，如果不能得到修道的真谛，即使是终日打坐，反而心落顽空，气无生机，到头来终究没有一点效验，仍不免老病而死。这样看来，修炼在于实质，而不在乎形式。所以，要记住，真正的修道，没有必要一定要到深山老林或者庙堂殿宇去修，在家一样可以打坐修道。古人云："闹市好修行。"因此，修炼无论选在什么地方，只要在静坐时能够使内气游行于周身关窍，内有真气运行，即使在家，一样修炼。

修炼是以丹基为本，这就是我们心意拳的丹田功。丹基即凝，即使在家躬耕养亲，闲余修炼一样可以成功，没有必要抛家绝妻，咏经焚香，那不过是混日之徒，借着修行的名义，实际干着不可告人的勾当而已。古人云："道不远人，道存于天，存于地，存于人，存于物，存于家庭。"因此，修道在于真心。所谓丹者，神气相合，就是先天一气也。基者，它是先天一气生出，保固而不去，这样，性命的基础就奠定了。当然，要想修道成功，一定要先拜明师，有师指道，进步才能快速。没有高明的师父的指点，说修炼，那只是盲人骑瞎马，胡修乱练，归根到底是很难成正果的。我给你们一个师兄弟写下的一幅条幅是："无心通大道，百炼始成金。"这也是道家祖师老子所说过的话，或者是他老人家的意思。

从深一点来讲，修炼首先要建立丹基，这样保固身体，可以说安心养肾最为重要。能安心，就是后天识神在八卦上的"离火"不会燃烧而光耀于外；能养肾，后天的凡精能在八卦上的"坎水"不会泛滥而流泄于外。识神的火不会向外燃烧，这样，身内的神更不会动摇走失。真心就会更加安静，精水不向外流泄，不会有“精”的耗散枯竭之症，肾精更加清纯。中华医学认为“精满不思淫”，身中的真阳命火就不会变为性激素让人产生冲动；心安意宁，守住本土，神火就像日光月华一样对下照耀整个身体；肾精坎水居下，上有心神离火下照，神精交接，火温水暖，化而成气，运布周身，自然可以消除疾病；身体没有疾病而达到延年益寿的效果，才是真正的修炼。我们道家所以不能修炼成功者，大多还娶妻生子，这是大忌。当然，我不是说打坐修炼的普通人不能结婚成立家庭，而是要清心寡欲，也不主张为了修炼而抛弃家庭，甚至离妻子而去，这都是不完美的。

这里所说的是心在上，肾在下；神在上，精在下，也就是修炼的心肾相交，神精互用，以养人身。如果打坐修炼的人有妄心，心生私欲，火自上焚，水从下泄，百病丛生，就是瞎修炼，不要说延年益寿，就是自身性命也难保了。所以，凡人养神养气，收得一分气，能得一分宝；收得十分气，便得十分宝。故《心意拳谱》中曰：“精养灵根气养神，元阳不走方为真。丹田养就千日宝，万两黄金不与人。”

注意养气以戒烦恼为首要任务，要想消除烦恼，仍然要以养心养神为第一步。

我们要知道，宇宙在自然状态下，静的时候也就是无极的时候是有气没有神的，只有静极而动，阴中生阳，从无极到太极，才有神。神由炁生，有了神，神就变成炁的主宰。人身神耗气损，多因烦恼而起。烦恼又因为名利之争而生，故养神养气就在于戒除烦恼。所以，人要淡薄名利才好修行。

当然，有的人平生不修行，等到身体有病才想起修行，才想到练功，早干什么来着？如果没有病的时候我们就开始练功，身体因练功而不生病，身体始终健康多好。

修道的过程，也是对自己生命加深认识的过程。修道者可以从内照中醒悟身体与生命的内在关系，并能妥善地处理它们之间的和谐关系。修道采用以调整内因为主的养生方法，许多疾病及衰老都是内因在起主导作用，而不是外因在起作用。我们修炼的是内功，就是培植元气，只要元气在身体内部所有组织中畅通运化，人就不会生病。当然，现代社会交通发达，交通事故也会致死人，但那是外因，我们主要是讲内功的修炼，这包括服食药物、针灸按摩、吐纳导引、拳术功法（即心意内功）修炼等等。我们所练的心意太极拳也可以说是最好的吐纳导引，是救命保身的最好功法，所以，不能轻视。

还有我对徒弟行痴讲几句：既然你已经到庙里去了，最好要和家庭协商好。古人对于佞佛一事有过看法，现在摘录在此，以供参考：“人能斋戒，本是好念，何可尽非，然须问其发念果属何为。若只为畜类惜生，为福利求佑，为媚悦侫佛，此三者皆可不必也。何也？如谓物与己同类不宜宰食，则六畜原为人用……且卿大夫食肉，祠先者血食，奉亲者有酒肉，岂皆不仁不慈之事也。如为福利于己由此可求，世间善食甚多，积善必有余庆……至谓以慈侫佛，媚而悦之，夫慈本仁德，仁者人也，当以爱人为先……而谓为佛者不论真慈假慈，唯佑持斋之人以为媚己，恐无是佛矣。”（《中国养生大成》“寿世传真”，清徐文弼撰）

我个人认为，佛家主要劝解世人“不杀生”，这是宗旨。我们道家也如此。因此，修炼心意内功的人要学会爱护动物，不要杀生，这才符合当今社会的准则。

以上就是我个人对于打坐静修的一点肤浅看法，可能不完全正确。既然你已经削发出家，由道转释，我不阻拦于你，但是以上所说，可以供你参考。

祝道安！

老师于十棵松

二、静坐浅说

初学静坐就好比啃铁馒头一样，第一是不容易啃得动，第二是感不到有什么滋味，但是，心意拳内功的修炼和静坐一样，只有耐心去做，耐之又耐，忍之又忍，不管功效的迟或者速，只要等到渐渐地功夫熟练以后，自然就会感到其味无穷。

学静坐是要下决心的，守牢一个“恒”字，每年每月每日，寒暑无间地做去，不论男女老幼是绝对可以成功的。初学的人往往有始无终，或求速效（成功不是求得的，是自然修来的），有人坐了几天不见功效，就放弃不去坐了，这样的人做什么事情都是不会有成就的，何况是修禅习定的切身要事呢？

现在为初学的设一方便，凡发心学习静坐的，可先定一百天为期。在这一百天内，每天刻板地、准时地在早晚两次去坐，不管有效无效，定要坐满一百天；倘坐满一百天之后仍然没有功效，那就不用再坐。事实上，一个人能下定决心去坐满一百天，可以保证他在精神、肉体两方面是肯定有收获的，日子一久，真滋味出来了，到那时叫他不坐他也不肯放手了。这绝不是空言骗人，问题是只怕人们没有决心去做。

初学静坐的，每次以一刻钟（即15分钟）至半小时为度，逐渐地增加到一小时。通常能静坐一小时，就能收到功效，倘能久坐那就更好。我的徒弟行痴，练静坐已经有年，现在一坐可以坐一小时到两小时，可谓小有成果了。初坐最难受、最容易出现的问题就是脚部麻木酸痛，这种现象一定要坚持，倘能忍得住，应忍受着继续坐下去，到了实在不能忍受的程度，可以放两足并且加以抚摸，等到酸痛消除后，再重新叠足就坐，坚持练习，必然会有成效。

入坐后体温较平时提高，且有微汗，这是血液畅通的现象。

坐时舌舔上腭，坐到相当时候，口中唾液源源而来，可以缓缓咽下，这是因身体中团聚的热力促进腺分泌的缘故。

坐时身体有时也会发生震动摇摆等情形，这是由于内脏气机发动反映到外部的现象，不必惊异。

有时腹中略有转动，腹有鸣声，心意内功叫作“雷声”。四肢及周身常觉肉跳，这些都是内脏气机发动的反映，可说是静坐的功效。

坐时如觉腹胀气塞，可作气从全身毛孔排泄出去的观想，这种观想一起，便会觉得自在。在《坐禅三昧法门经》中师尊教导我们：“念诸息偏身，亦念息出入，悉观身中诸出入息，觉知偏至身中，乃至足指，偏诸毛孔，复次，一切毛孔及九孔中亦见息出息入，是故知息遍诸身。”这是说的体呼吸，静坐日久，不许作观想，自然可以达到体呼吸的。

坐时不免有外面世界音响入耳，这时应勿起厌烦心，勿去分别它，不去理睬它，听如听不见，这是最妙的对治方法。

坐时有两种病：一散乱，二昏沉。大凡初坐时每患散乱，故用数息法对治它，坐稍久妄念较少时就易患昏沉，可把注意力（意念）集中在鼻端，使精神振作。倘若昏沉已去，仍当凝心脐下，使心息相依，自能凝然徐徐入定。

坐到寂静的时候，有时会发生种种幻境。要晓得这些都是虚幻不实的现象，如有时会出现美女骚首弄姿，或者会有猛虎、毒蛇出现，但我只要凝然不理睬它，幻境自然会消失。

静坐时须放弃一切期求心。不独求却病，求健康的念头不可存，就是无念的境界。也不可动念去求，因念头一动，这就是妄念，有了妄念，怎么能进入无念的境界呢？还要注意，一定要等饮食后须隔一小时方可静坐。正在静坐的时候，倘遇急事发生，切不可遽然起立行动，必须将气从全身毛孔放出，身体前后摇动几下，足部抚摸柔和，才可起立，否则气息不调和而且容易导致生病。

学习静坐的人，平时对于怨恨、嫉妒、愤怒、懊悔、悲哀、悠忽等等，要尽量放下，这些念头能阻碍静功的进步。我们偶尔到一座庙里，进门时就会发现有一尊弥勒佛，他的旁边有一幅对联：“大肚能容容天下难容之事；

慈颜常笑笑世间可笑之人。”

这是教导我们对世间一切的事要看得下、容得下，只有这样的度量、这样的胸怀，才能立于这个大千世界，静坐的人更应该向这里去做。而且，静坐日久，下腹会膨涨而坚实，并且非常舒适，全身骨节松软，神气清爽，令人获得健康快乐无穷佳趣。

静坐时肉体上所发生的现象，有很多在生理学上是认为不可能的，可见现阶段的科学并未达到理想地步，对于人身的生理卫生，尤其是精神活动状况，尚未能达到用科学的方法检测的理想的地步或者结论。

佛家认为，对于静坐念佛的人，只需念一句“阿弥托佛”圣号，历历分明，这就是止观双修法门。对于身心，有不可思议的益处。

三、关于静坐的问答

问：心意拳内功里有静坐法吗？

答：我在心意拳内功功法中说到，心意拳内功的修炼，不论是行、住、坐、卧都可以练功，只是你在心不在心、用心不用心罢了。下面介绍的就是关于“坐”的部分练功方法。坐，就是静坐、静修。静坐，世俗也称打坐，佛家叫作“坐禅”或者“禅修”，道家则称之为

“入境”。但是，它只是练形的一种方法而已。自古以来，我国的道家、佛家、儒家都认为打坐是养生的一件正事。所谓养生，是养其性情，而打坐者，是收敛此心、不使放去的意思，打坐岂是呆坐！昔日佛家达摩祖师在嵩山少林面壁九年，目无所视，耳无所闻，口无所言，此心常在腔子里面，因此他无思无为，不尘不垢，所以能够得成正果。今天我们也应该学习达摩，承光立雪不动，乃能具善学达摩打坐……当然，现代社会人们生活比较匆忙，谁又有时间或者空闲来苦修？谁又肯轻易如此打坐呢？但是，平常之人虽不打坐，如果能做到“此目常不妄视，此口常不妄语，自然习与性成，此心自不妄动”也可以了。

问：静坐是什么功？

答：静坐是最基本的修养法之一。静坐是道家、释家、儒家以及平常人都比较喜爱的静修方法之一，它可以澄清思虑、增进健康，是修养身心的一种重要方法。

我们生活在这个大千世界上，身体免不了有种种疾病，而一切疾病又可分为身体的和心理的两个方面，人们除了身体上所发生的疾病以外，凡一切贪欲、愤怒、忧怖、骄慢等不正常的思想现象，都叫作心病。而且，我们世人平常往往只注意身体的疾病，对于心病，一般都不很重视，外国有心理医生或者医院，我们国家近些年才有此行当出现。实际上，身病的发生，大部分是由于心虚气弱，而心虚气弱主要是由忧思惊怒、心神恼乱造成的。因此，凡贪食、贪得、贪嗔等等都足以招致疾病。而贪之不得，势必生嗔，贪嗔发展的结果，可以使人心荡气促，胆惊肝火必旺，心为火，火旺必然动心，自然会六脉震动，五脏沸腾，因而气血耗损，风寒暑湿也都会乘虚而入。各种药石，只能救身病于一时，假使不从根本上治疗，虽然一时痊愈，而致病的根源没去，心病未去，身体仍随时有遭其侵袭的危险。世人们在忙于生活、人事之余，不知道设法安定思想，降服烦恼，甚至有贪得无厌、纵欲忘身的。这样处处与自己过不去，神志既然涣散，气血便会失去调和，因此，难免要遭受疾病羸弱的痛苦，缺乏抵抗力，这是非常糟糕的，也是非常可惜的。专家研究表明，人在精神好的时候，可以分泌出一些对身体有益的激素，如酶和乙酰胆碱，这些物质有利于身心健康，能把血液的流量、神经细胞的兴奋调节到最佳状态，相反，如果终日忧闷忧伤、贪嗔痴慢，就会使这种有益的激素分泌紊乱，因而内脏器官功能失调，发生胃痉挛，引起血压升高，造成冠状动脉闭塞，还特别容易引起心脏病。所以，我们要求身体的健康，自应去除疾病，要除病就须先补气，要补气就需要先养性，要养性就须先调伏烦恼妄心，使心不动摇，自然精气内充，抵抗力强，疾病就无法发生了。

静坐的实践，可以使我们散乱的心念，逐步归于凝集静定，心定则气和，气和则血调，不但可以祛病强身，而且可以去除主观的迷妄，获得安乐，所以静坐的确是最基本的良好的修养法之一。

问：静坐与人的身体和心理有哪些关系？能否讲得再仔细一些？

答：要问静坐与生理的关系，首先要知道人体的构造。人体的构造是非常精妙复杂的，它能够成为一个完整的个体，主要是依靠神经系统尤其是大脑（心意）的作用。所以，苏联生理学家巴甫洛夫（1849—1936）特别强调大脑对于人的整个生理活动的重要性，这也就是我们心意拳功法中“心意”的作用。从生理学的观点来说，人体机构的最大作用，首先在于生命的维持，一方面摄取体外的养料和氧气供给体内各器官；另一方面使体内的二氧化碳和其他废料排泄于体外，这就是“吐故纳新”。这种物质交换的现象，就是所谓的“新陈代谢”。新陈代谢的作用，是没有一刻停止的，主要是依靠心脏、脉管、淋巴管等循环器官，来循环不停地运行血液到全身。我们知道，心脏包括四个腔，即左心房、左心室、右心房、右心室，它们是推动和输送血液的器官。脉管有动脉和静脉。淋巴管遍布人体全身，与静脉并行，一面可以吸收营养物，输送到动脉管，另一方面摄取废物，送到静脉管进行排除。血液的循环，与呼吸有密切的关系，人类就是这样，呼出碳酸气，吸进氧气，使静脉中紫血变为红血输送到动脉，经人体循环一周，一昼夜共循环3600周。我们呼吸的次数一昼夜计2万多次，所吸取的氧气约计100多立方米。这么可观的工作量，我们自己平时可能并不知道。假使我们能呼吸正常，血液运行没有阻滞，血管没有老化，身体便能健康，一有阻碍，全身各器官便会得病。

血液阻滞而生百病，有下列几种原因：（1）呼吸不正常，以致不能很好发挥吸收氧气和吐出碳酸气（二氧化碳）的作用。（2）一般人全身的血量，约一半积储在腹部，由于腹力不充实，每每会发生淤血，因而使其他各部失去调和。（3）内脏器官由交感神经与副交感神经所支配，不能直接受大脑控制，在生理学上叫作不随意肌。当我们睡眠时，虽全身静止了，但它的作用并不会稍微停止。一般来说，不能以我们的心意来左右它，所以当它阻滞而生病，每使我们来不及预防。（4）心脏跳动时，对于动脉而言接近而有力，至于静脉管，则是从头部和四肢回流血液入肺，受心脏跳动力量的影响是比较微弱的，所以也容易发生阻滞。

根据上面的分析，可见人身的血液，正像铁路、公路的运输，不易于流通，运输停滞，物质必然积压；血液停滞，人体必生疾病。现代医学只能用清洁、运动，多得日光、空气等办法来辅助血液的运行，太阳光照可以增加身体对钙的吸收，而心意拳内功则是用调和阴阳气血来达到气血畅通、和顺的。

中华传统武术文化认为，心意拳内功中的静坐一法，可以使大脑皮层的活动趋于镇静正常，而且能够促使全身各部机构的工作更为顺利协调，同时，呼吸因练功而得调和，借呼吸的功用，使腹内横膈膜上下动作，腹力也得到锻炼而紧凑、坚强有力，这样可以逐出腹部的淤血，返归心脏，再由心脏逼出鲜血，输送到全身。如果呼吸功深，增加内脏感觉，就可以使不随意肌也能充分发挥作用。同时，心脏的跳动也会自然循环有序而有力。这样，血液循环便十分顺畅而达到优质，新陈代谢的作用也就会圆满，疾病便不易发生，即使偶然有病，也能预先有感觉而早期知道，使它不久即得康复。治病在未发生之前，较一般病后而忙于求医的得失是不可同日而语的。这就是心意拳的内功有不治“已病而能防治未病”的作用。这也是内功修炼能够治“未病”的预防作用。

问：静坐与人的心理有什么关系？

答：要知道静坐与心理的关系，要从人身有生理和心理的两个方面考虑。我们从事养生，固然对身心两方面都不可偏废，而心理每每更能影响生理。譬如，一个人如果内心有所惭愧，顿觉红面耳赤，内心就有像油煎一样，影响甚至不觉会发生头发白、容貌憔悴的现象，这就是心理影响人的形体的表现。人在愉快时，五官的见闻等都感觉到优美，而悲哀时，则完全相反，这都是心理影响五官。人兴奋时食欲便能增进，而郁闷时便减少，这是心理影响于肠胃。愤怒、嫉妒等不正常的感觉起时，能使血液及各部组织中产生毒素，这是心理影响血液。可见心理的力量足以支配肉体。从解剖生理的观点看，中枢神经到脑和脊髓，也是联系、管理和调节神经活动的总机构。巴甫洛夫在创立高级神经活动方式是条件反射的学说中，在做试验时，曾经使狗一听到铃声便分泌唾液，那是狗经过大脑皮层的活动，转移到延髓部分唾液分泌中心，再到分泌液，这也是心理影响生理的一个说明。此外我们发觉，往往有些运动员或体育工作者，锻炼得肌肉很强壮，但是，一旦发生不测的疾病便无法抵御，甚至有因此成为废人的，而一般修炼的禅师或者有修养的哲学家、修炼家，他们往往能借锻炼心意的修养的作用来祛除病魔，或虽体质孱弱，由于心力强毅，却能获得高寿，更可见心理潜力的不可思议。

静坐不但在生理方面可以使血压运行正常，就是在心理方面也能使全身精神归于统一集中，而促使心理现象的健康发展。心理学家捷普洛夫也曾经说过，抱着一种宁静的态度，是与注意的分散做斗争的唯一方法。同时，心理既安宁而正常，思想也清明而愉快，自然又能使体气和平，祛病延年，这也是“心意内功修炼”和打坐的作用。

此外，一般心理学说所研究到的，都不外乎心的现象、心的作用和心的变化等，而对心的本体、心的来源以及安心制心的具体方法，却终不能有明确恰当的说明。假使通过静坐，使意识的活动逐步停止以后，这时心理的静态清楚地显现，必然将有助于心理学说的创造性的发明。读者可以参看我的《心意拳练功真谛》和《心意拳练功窍要》等书籍中关于“修心”方面的论述。

问：心意合一是否就是精神集中的意思？静坐时精神是否要集中？

答：精神集中也是精神专注，在心意拳内功中就是“心意合一”，也就是心与意合。关于精神力集中的问题，上面我们已经谈到，静坐能使精神力集中，从而进一步促使体气和平，这里详谈一下精神力集中的问题。

我们可以做一个试验：用三棱镜或者凸镜对着太阳，摄取日光于一焦点，便能让在镜下的纸张或者其他能够燃烧的物体燃烧起来。这就是由于日光在集中之后，发生高度的热力。还有一个例子，某人在旧书铺内发现了心爱的书籍的时候，由于看得出神，竟不知天已经入晚，后经别人的提醒，才发觉已经是暮色苍苍上灯的时候了。再去看书时，刹那间由于光线暗便不能有所辨认，这正是精神力集中的缘故，我自己就有这方面的亲身体会。宋朝大文学家苏东坡曾经说："与可画竹时，见竹不见人，岂唯不见人，嗒然忘其身。"只有这样集中心力，全神贯注在一个对象上，作画才能精进。所以古人说："制心一处，无事不办。"又说："精诚所至，金石为开。"静坐是精神力集中的锻炼，默坐澄心，将妄念逐步淘汰，妄念愈淘汰，正念愈得提炼，由精神集中所发生的身体上阳和之气，更有补虚导滞、重新组织已坏物体的功能。所以，凡静坐功深的，能提起集中后的全副精神力，贯注于身上病痛的地方，便能运用这阳和之气，来消融阴霾郁结，使活力、热力渐渐发挥其治疗的作用。从前有一和尚叫憨山大师，多年臁疾，后来一入定而病痊愈。以上是对身体病患而言的。至于心病，由于我们的无始业习根深蒂固，好似铜墙铁壁，更须集中全部心力来化除和廓清不可。中国古书《尧典》说过："人心帷微，道心惟微，惟精惟一，允执厥中。”所谓人心正是习气之私，道心则是一念之觉，惟精惟一，正是精神力的集中功夫。学道静坐的人，一心照顾参究，念兹在兹，举整个心力集中在一个移情上，等到集中到顶点，忽然一念顿歇，便能猛然洞彻。从这里可见，精神的集中力量小之可以康健身体，大之可以明心见性，而下手的方法，只有从练习静坐开始。

问：静坐与佛家入定是否有关系？

答：当然有关系了。姬隆丰在少林寺前后约十年，他不可能不受到佛家修炼和思想的影响。心意拳内涵中有许多佛家的修炼方法，所以，此部功法中难免有佛家的修炼方法在里面。下面我简单介绍一下“静坐”与“修定”的关系。

我们在人生的历程中常常不免遇到种种苦恼，而诸多苦恼，大都由于思想纷扰、痴迷不觉而来。譬如迷于财务，往往有因盗窃而犯法的苦；迷于爱情，往往有因失恋而自杀的苦。虽然事情已经过去了，可还是有攀缘计较，自找麻烦；有的虽然事件尚未到来，可是自己却先比量区别，不肯放松。所有这一切，主要是由于自身缺乏定力的缘故。可见自行放荡失主，实是世间第一等苦恼的人。只有努力修定，才能由弱转强，由愚转智，明辨邪正，有力把持，在惊涛海浪中不动，不被苦恼所迫。我们研究学问、完成事业、处理问题、应付变换，也都非有定力不易办成。此外，根据佛家佛法的观点，宇宙间的事务，无非都是因缘和合所生，虽然幻象存在，但却生灭变化，了无实性，我们的肉体，无论如何强固，也终有变坏的一天，不能例外。因此，有智慧的人，必须一眼看透宇宙人生的所以然，进而研究佛法，破除对身心等的执着，来转生死为涅槃，转烦恼成菩提，所谓“生死由天”，是何等值得我们警惕！而修定实际上是解决我们生命史上这一问题的重要手段。

佛家认为，与定有密切关系的，有“戒”和“慧”两个方面，所谓由戒生定，由定发慧，无上智慧，必由定发，无漏打定，必从戒生。因此，清净持戒，来对治贪、慎、痴等烦恼和杀、盗、淫等恶业，实是修定的重要基础。戒的种类，可分为三大类：（1）律仪戒；（2）摄善法戒；（3）饶益有情戒；三者总称为“三聚净戒”。其中律仪戒，也叫七众（指各种在家出家的学者）别解脱戒，因为如法受持，可以个别地解脱烦恼。在家学者，一般应受其中的八戒和五戒，又所谓“止戒”和“作持”两种意义。“止戒”就是一切应该做的事，要止而不做，这是消极的防恶。“作持”就是一切应该做的事，要尽量去做，这是积极的生善。所以戒有防恶生善的功能，由于持戒，可以使我们身心清净自在，与无漏的正定相应。

定的境界有深有浅，有时间禅定、出世间禅定和出世间的上上禅定等，因此，持修的方法，也就是无量，而在行、住、坐、卧的一切时中都可以修定。由于我们散乱的力量很强，在静中持修必然较动中容易得力。因此修定的人，除必须住净戒和亲近良师益友外，在初下手时，一般都要以静坐为基础。在坐的时候一切放下，身心收敛，外景不饶，内心无端，身、口、意都按住在清净的律仪中，自然可以徐徐入定，而且迷惘若去，心体现前，自能逐步入不二的境地。所以古德说："若人静坐一须臾，胜造恒沙七宝塔，宝塔毕竟碎为尘，一念尽心成正觉。"可见，静坐又是转迷成觉、得定开慧的一门不可缺少的功夫。

问：老师是否可以给我们介绍一下静坐的方法？

答：当然可以。下面我就谈谈静坐的方法问题。静坐的方法，可以分为几种，有单盘膝、双盘膝、随意坐等。初修静坐者不可执意而为，可先选择一种开始而为。

问：静坐前要注意些什么问题？

答：这个问题我可以分几点来介绍。

1. 静坐前的准备：居家条件好一些的静坐者最好能另觅静室，假使条件不许可，那么可就在自己的卧室中。窗户宜打开，务必使空气流通，但有风处不宜坐，特别是有穿堂风处。当风时门能关闭更好，以免别人或者贼风的骚扰。

2. 静坐时或另备坐凳或就在床上，坐处总以平坦为宜，座位上需要铺被褥或垫子，务使软厚，以便于久坐。

3. 在入坐之前，应该宽松衣带，使筋肉不受拘束，气机不致阻滞，但在秋冬寒冷时，两腿必须盖好，以免膝盖受风。

问：静坐时的身形、身法要注意什么？

答：谈到身形、身法，在心意拳内功中也叫调身。下面我具体讲解。

1. 什么是调身？

答：调身就是调整身形身法。如心意拳中要求身体中正和顺、不偏不倚；练动作时要求“三尖要照，三弯要套”等，这些都是心意拳动态的身形身法。但是，静坐的要求是：

（1）静坐时两腿必须要盘起来，先将左胫小腿放在右股大腿的上面，再将右胫大腿搬上来放在左股小腿的上面，这种坐法普通叫作“双盘膝”，佛家叫作“双跏趺”。因为采用这种姿势，可以使两膝盖的外侧都紧靠着褥垫，全身的筋肉正像弓弦的伸张，打坐时自然端直，不至于左右前后倚斜。不过这种坐法，初学打坐的人或者年龄较大的人不容易做到，我们不必勉强，可改用下面方法。

（2）盘坐时可随各人的习惯，或将左胫加到右股之上，或将右胫加到左股之上，这种坐法普通叫作“单盘膝”，也叫“单跏趺”。比较“双盘膝”它有些缺点，因为假使将左胫加于右股之上，那么左膝盖外侧必然落空，不能紧靠着褥垫，身子易向右倾斜；假使将右胫加于左股之上，那么右膝盖外侧必落空，不能紧靠着褥垫，身子易向左倾斜。初学打坐的人，不能双盘，自以单膝为宜，但须注意姿势端直，能使身体保持不倾斜，那么功效还是一样的。

（3）初学打坐盘腿的时候，必然会发生麻木或酸痛现象，此时必须忍耐，忍耐就是坚持，坚持就是胜利，练习日久以后，会渐进于自然。但是当麻木到不能忍受时，可将两腿上下交换，假使再不能忍受，那么可以暂时放松一下，等麻木感消失后再放上去。假使能够忍受，则可听其极端麻木，以致渐渐失去感觉，但过一会儿它又能反应，会自然恢复原状。经过这样几次之后，盘坐时便不会再麻木了。

2. 静坐时对于胸部、臀部和腹部的要求

（1）静坐时胸部可微向前俯，务必使心窝降下。所谓心窝降下，就是使横膈膜松弛。胸内肺与胃之间有横膈膜，恰在外部两胁间凹下的地方，叫作心窝。我们初学静坐时，常觉胸膈闭塞不舒，这说明心窝没有下降，这时可用下面所说的调心一节，用心脐间或脐下的办法使膈膜松弛，心窝处轻浮而不着力，久后自能降下，从而得到调适。

（2）臀部宜向后稍稍凸出，使脊骨不曲。脊骨的形状，本来三折如弓，在臀部处略向外弯，所以静坐时臀部宜向后稍稍凸出，但不必有意用力外凸，可依循轻松、自然的姿势即可。

（3）静坐时腹部下面可以宽放镇定。镇定下腹的目的是，使全身的重心安定。

3. 静坐时的两手

（1）两手仰掌，掌心向上，以左掌安放在右掌上面，左为阳、右为阴，两拇指头相拄，安放在腹部脐下跏趺之上。

（2）如做单跏趺，乃右胫加在左股上，那么应将右掌安放在左掌上。

两手这样安放，既自然、轻松、安适，且最能助长定力。

4. 静坐时其他部位应该注意的

（1）头项要正直，即心意拳的头正项竖的要求，但是必须注意要自然。不可故意用力去挺直。

（2）两耳对外不闻，杂音不入于耳。

（3）两眼可以轻微闭上，眼睛下视，也叫垂帘下视。有的人在打坐时容易瞌睡，可以改用这种眼睛下视的办法。

（4）注意鼻呼鼻吸，舌顶上腭，气息微微，切不可用口呼吸。

（5）打坐时注意臀部也可以用棉垫垫高1～2寸，以打坐的人感到舒适为要，这主要是防止睾丸受到挤压。

（6）身子宜平直，脊骨不要弯曲，要自然安详端正而坐，因为外面的身形正直，内里的气也必然顺畅。

（7）打坐一段时间（最好30分钟）以后，起身时要意念全身的气从身体毛孔中释放，再渐渐活动身躯，抖动两臂或腿部（就像我前面介绍的“全身抖擞”一样），并注意将两手搓热，用手抚摸面部，最后用手从上向下按摩背后两肾，前面两腿、膝，直到足部为最妙。

5. 静坐时应该怎样注意呼吸？

答：下面谈谈静坐时的呼吸问题。

（1）静坐的呼吸方法的研究

我在前面已经谈到呼吸的方法问题，呼吸对我们是很重要的。这里，因为静坐是坐功，我再多说几句，也许对大家有用处。

先谈呼吸方法。呼吸对我们生活技能关系很大，一般人只知饮食可以维持生命，不饮不食，势必饿死，都不知呼吸比饮食更为重要。不过由于饮食非金钱不能获得，所以觉得很可贵，而气是大自然无代价地恩赐给我们人类的食粮，它似乎是“取之不尽，用之不竭”的，所以人们反而并不觉得珍惜可贵。但是要知道，如果我们断食，虽七日尚不至于死，可是一旦闭塞口鼻，不让呼吸，片刻便会死去，可见呼吸重于饮食了。我们学习静坐，调和气息，是下手时一项重要的功夫，而要调和气息，先将呼吸的方法研究一下，也是非常必要的。

我们说过，人的一呼一吸叫作一息。呼吸肌肉也有两个部分，一是肋骨间的肌肉，一是膈（即横隔膜）的肌肉。呼吸运动也受中枢神经的控制，在大脑下方的延髓中，有一部分神经细胞是管制呼吸的，叫作呼吸中枢，它跟呼吸肌肉发生联系。呼吸的机构，外面是鼻子，里面是肺，肺叶的位置是在两胸部内。呼吸时，肺部的张缩有天然的规律。我们平时的呼吸，大都不能使肺叶尽量张缩，只用肺的上部，而肺的下部几乎完全不用，常人的呼吸，肺部只能利用70%，剩下的部分则没有充分利用，因此不能够净吐碳气和吸氧的功能，以致血液不洁，也会造成百病丛生，这便是呼吸不能合乎规律的缘故。

（2）注意自然呼吸

自然呼吸也叫作腹式呼吸。因为在呼吸时，一呼一吸，必须都能达到下腹部，也是我们常说的“气沉丹田”。在吸气时，空气入肺，充满肺底舒张，抑压横膈膜，使空气下降，这时胸部空松，腹部外凸；在呼气时，腹部收束，横膈膜被推而向上，上抵肺部，使肺底浊气外散无余。可见呼吸，虽与肺叶有密切关系，但它的伸缩，常须依靠下腹和横膈膜的运动，方能合乎自然大法，使血液循环流畅。我们不但在静坐时须用此法，实际上，不论行、住、坐、卧，均应该随时使用。自然呼吸法的调和方法如下：

① 呼吸时，脐下腹部收缩，横膈膜向上，胸部紧窄，肺底浊气可以挤出。

② 吸气时，从鼻中徐徐吸入新鲜空气，充满肺部，横膈膜向下，腹部外凸。

③ 呼息吸息，均使自然，渐渐细长，达于下腹。

④ 呼吸渐渐静而细，出入很微，反复练习，久之自己不觉不知，好像无呼吸的状态一样。

⑤ 能做到无呼吸的状态，那么没有呼息，也没有吸息，虽有呼吸器官，好像不必用它，而气息彷佛从全身毛

孔出入。到了这一地步，可以说是达到调息的极功。不过初学的人，切不可有意去求，必须首先听其自然、再逐步达到此步功夫为妙。

（3）要正呼吸

这一方法，主张呼吸宜细长，气宜达于腹部，以及使横膈膜上下运动等，都与自然法没有两样。不过，呼吸时腹部的张缩完全相反，因为逆反自然呼吸，所以也叫作逆呼吸。正呼吸的调和方法如下：

① 呼息宜缓而长，脐下气满，腹部膨胀，胸部空松，横膈膜弛缓。

② 吸息宜深而长，气满胸部，胸部膨胀，这时脐下腹部收缩。

③ 肺部气满下压，腹部收缩上抵，这时横膈膜上下收压逼，运动更为灵敏。

④ 静坐时，呼息及吸息宜极静细，以自己也不闻脐声为合宜。

以上两种呼吸方法，有主张吸息宜比呼息加长的，也有主张呼息宜比吸息加长的，但根据一般试验，似以长短相等为宜。此外，无论自然呼吸和正呼吸，目的都在使横膈膜的弛张和收缩，使之更易于运动。不过，由于这一方法，学时有宜有不宜，并不是人人可学，总不如自然呼吸的毫无流弊可靠。

6. 静坐时的胎息

关于胎息，吕纯阳祖师曰："炼形止于住世，炼气方可升仙。世人不达玄机，无药而先行胎息，强留在腹，或积冷气而成病，或发虚阳而作疾。修行本望长生，似此执迷，尚不免疾病。殊不知胎仙就而真气生，真气生而自然胎息，胎息以炼气，炼气以成神。然而炼气必审年中之月，月中之日，端居静室，忘机绝迹。当此之时，心境未除者，悉以除之，或而妄想不已，知识在漏，志在升仙而心神不定，为之奈何？"汉钟离曰："交合各有时，行持各有法，以时行法，即法求道，指日成功，易如翻掌。古今达士，闭目冥心，以入希夷之域，良由内观而神识自往矣。"

因此，要想达到胎息的境界，不是人为地可以达到。有些气功爱好者常常用胎息来向初学者介绍或者夸张胎息的重要，但是，它不是一步就可以达到的。只有炼气养气到了一定的程度，或者说到了一定的境界，才能进行此步呼吸。

7. 静坐时呼吸的练习

为了使呼吸能够正常而熟练，自己应该多加以练习。由于我们平时的呼吸，每次只能吸入约350立方厘米的空气，这样的气体交换，并不是经常够用的。如果能加强呼吸的深度，那么每次便能吸入1500至2000立方厘米的空气，做到充分交换肺里的气体。但静坐的时候，必须逐步做到无思无虑方好，假使主观注意呼吸，“求气则气滞”，心神便不能宁静，而且在静坐时，又不宜进行深呼吸，因此呼吸的练习，宜在静坐的前后。自然呼吸和正呼吸，有共同之点如下：

（1）盘膝端坐，与静坐时的姿势相同。

（2）先用短呼吸练习纯熟，渐渐加长，最长时每一呼一吸约占时1分钟。但决不可勉强，务必使其顺乎自然。

（3）呼吸的气息宜缓而细、静而长，徐徐注入到下腹丹田处。

（4）呼吸时应用鼻而不可用口。因为鼻是专司呼吸的器官，内有鼻毛，可以障蔽尘埃，过滤成清新的空气。人的口并不是专门负责呼吸的器官，假使用它来呼吸，等于劫夺了鼻的功用，渐渐有使鼻孔阻塞的可能，而且尘埃入口，易生疾病。所以无论什么时候，口宜紧闭，不但在静坐时应该这样，就是在练拳时也应如此。

（5）每日清晨可择空气新鲜的地方，练习加强呼吸5分钟至10分钟。

（6）至于静细的呼吸，每日不论什么时候，随时随地都可练习。

问：一般情况下静坐要多长时间？

答： 静坐功夫到极深处，本应该在日常行、住、坐、卧间，都能寂然宁静方可，但初学习时，不能不规定时间。静坐的时间，不论早晨、白昼和晚上都是可以的，不过有工作的人，当以早晨起床后和晚上就寝前各坐一次为宜。如果每日只能坐一次的人，那么以早晨静坐为最好。每次静坐的时间固然越长越好，但也不必有意求长，这要根据自己的情况，循序渐进。假使能每次30分钟，逐渐延长到40分钟乃至1小时，这样每日连续不断，那么收效便已经不小。总之，可以以晨坐为主，晚坐为辅。早起先在床上抚摩上下腹，根据前述练习呼吸的方法来调整呼吸，其次通大小便，再洗嗽，然后静坐。但假使早晨不能大便，也可随个人的习惯。

问： 静坐时饮食方面要注意哪些问题？

答： 要调匀饮食。我们既有这个身体，饮食的滋养是不可缺少的。饮食入胃，经消化之后，便变成糜粥状，入到小肠再变成乳状营养物，经血管吸收以后，变成血液滋养全身。可见饮食与生命关系的重大。但是，如果食物吃得过多，胃中不能完全消化，反将不消化的东西排泄到体外，这样便加重了肠胃的工作，结果必将气急身满，坐时不得安定。假使食得过少，又会发生营养不良，使身体逐渐衰弱，对静坐也是不相宜的。所以饮食必须调整均匀。

一般人大概病在多食，所以在进食时若觉得胃中微有饱感，即可停止（每餐只吃七分饱）。古人主张“食欲常少”“少食多寿”是有道理的。此外食物不宜浓厚，若能素食清淡最好。静坐在早晨空腹时最相宜，食后约过一小时方可入坐。

问：静坐是否要注意休息？

答：要调和睡眠。我们在劳力劳心之后，必须注意休息，用来恢复体力。睡眠是一种最好的休息。睡眠以8小时为宜，过多容易心神昏昧，对于静坐极为不利。但睡眠过少，体力又不能得到恢复，这样心神必将虚恍，也是不相宜的。所以，睡眠要有定时、有节制，便可使神气清明。一般说来，每晚9～10时宜入坐，10时以后入睡，早晨6时左右再起坐。最好能常常独宿。长寿之人彭祖曾经说过：“上士离床，中士离被，服药百裹，不如独睡。”可见独宿对静坐的帮助就更大，因为淫欲不但易使身体疲倦，最易造成心识的昏散闷塞，故凡习定修慧的人必须注意禁欲戒色。静坐程度尚生的人，在半夜醒后便可起坐，坐后能不再睡固然最好，如果感到不足，再假寐一下也是可以的，假寐可以使静坐的功夫加强。待静坐的功夫加深，坐时加久，那么睡眠的时间便可渐渐减少。久闻有终年以坐代睡的人，但这不是可以勉强学步的，总以调和睡眠，使不过多或过少最为合理。

问：静坐一般要多长时间才有效果？

（1）静坐要持之以恒

静坐要持之以恒。初学静坐时，往往心中反觉苦闷，此时必须要下定决心，持之以恒，视同穿衣吃饭一样的不可缺少。无论如何困难，必须加以克服，不可畏难而退；无论如何忙碌，必须继续行持，不可一暴十寒，只有这样，才能获得静坐的大效。

（2）不求速效

静坐时不可求速效，一切要掌握“自然”的原则。譬如静坐本来可以消除疾病、增进健康，但这种要求除病和健康的念头在静坐时也宜摒弃，勿着相，一切听其自然，不能急于求成。因为静坐日积月累，才能达致身心变化的功效，和食物的营养相同，过分饱食，反致伤胃。而且心念有所执著，气血也不得流畅，所以必须如长途旅行，耐心缓步，终有到达的一日。

（3）要一切勿理

静坐时要万缘放下，一心练功。静坐时虽然杂念纷飞，只要不去理会它，也不去厌舍它，一味做我的调息或调心功夫，杂念自然会旋收旋散，旋散旋收，久久自能逐步入定入静。又，在静坐时，两眼合闭，虽可使不见外物，但外界的音响刺激两耳，心中便也会产生妄念，最难处置。这时宜收视返听，不问不闻，只管自己用功，要久久练习，养成“泰山崩于前而色不变”的气概才好。

（4）要痛改旧习气

学习静坐的人，应该时时检点自己的行为，痛改自己的旧习气，当贪欲、嗔恚、愚痴、骄慢等烦恼发生时，要与它们搏斗，逐步克服，只有这样，才能使静坐功夫获得不断的进展。至于常常依止善知识，具足佛法或道的三归五戒，端正学习态度，树立正知正见，并进一步的做到离欲清净，更是修正禅定、启发智慧的必要条件。

问：静坐会发生什么现象？怎样解决？

答：练习静坐功夫日久，身上往往会发生颤动以及有发热的感觉，脑部也常常有霹雳般的震动现象；心理方面，有时也可能产生种种幻觉。这些现象，因各人的体质和心境而有不同，都出于自然，不可强求，也不可怕，也不可遏制，随其自生自灭。也有人静坐多年，身心方面已得利益而不发生这些现象的。同时，这些现象的发生，并没有什么神秘可说，不过是由于静寂而定以后，引起生理和心理上的变化反应的缘故。学习静坐的人要知身心本空，定中的一切境界都会如此，了无实性，当不去不舍，一心寂定，切勿执著，否则将会误入歧途，而障碍正定的修持。

问：什么是静坐的最高境界？

答：静坐的最上乘境界，在乎明自本心，见自本性，顿悟心性，本来清净，既了了知觉，却无著无住。假使我们能默契这一根本，自得根尘脱落，解脱自在，随缘应用，纵横无碍。唐慧海禅师在《顿悟入道要门论》中说：“问：‘夫修根本，依何法修？’答：‘唯坐禅，禅定即得。’《禅门经》云：‘求佛圣智，要即禅定。若无禅定，念想喧动，坏其善根。’问：‘云何为禅，云何为定？’答：‘妄念不生为禅，坐见本性为定，本性者，是汝无生心。定者对境无心，八风不能动，八风者，利、衰、毁、誉、称、讥、苦、乐、是名八风。若得如是定者，虽是凡夫，即入佛位。’又说：‘汝若欲了了识无所住心时，正坐之时，但知心莫思量一切物，一切善恶都莫思量。过去事已过去，而莫思量，过去心自绝，即名无过去事；未来事未至，莫愿莫求，未来心自绝。即名无未来事；现在事已现在，于一切事，但知无着，无著者，不起憎爱心，即是无著，现在心自绝，即名无现在事。’‘若自了了知心不住一切处，即名了了见本心也。亦名了了见性也。只各不住一切处心者，即是佛心，亦名解脱心，亦名禅提心，亦名无生心’。”又，唐圭峰大师说：“真性则不垢不净，凡圣无差。禅则有浅有深，阶级殊等，谓带异计，欣上厌下而修持，是外道禅；正信因果，亦以欣厌而修者，是凡夫禅；悟我空篇真之理而修者，是小乘禅；悟我法二空所显真理而禅修者，是大乘禅；若顿悟自心，本来清净，元无烦恼，无漏智性，本自具足，此心即佛，毕竟无异，依此而修者，是最上乘禅。”

又，唐六祖慧能大师说：“善知识，何名坐禅？此法门中，无障无碍，外于一切善恶境界，心念不起，名为坐，内见自性不动，名为禅，善知识，何名禅定，外离相为禅。内不乱为定。外若著相，内心即乱，外著离相，心即不乱。本性自净自定，只为见境思境即乱。若见诸境心不乱者，是真定也。善知识、外离相即禅。内不乱即定。外禅内定，是为禅定。”《菩萨戒经》云：“我本性元自清净，善知识，于念念中，自见本性清净，自修自行，自成佛道。”

问：什么叫作观心？

答：人们平时的心念，都是终日外驰，从不曾一念回机来返观自心，以致迷妄执著，无法安定，受苦无量。只有专精地返观内照，才能逐步消除积妄，启发真性，诸大乘经典处处不离般若，正是处处不离观照。所以，观与不观，实事迷悟苦乐的重要关键。《大乘心地观经》说：

“能观心者，究竟解脱，不能观者，永处缠缚。”《涅槃经》说：“能观心者性，名为上定。”

佛法中所谓“止观”，即是“定慧”，也是“寂照”。《摩柯止观》说：“法性寂然名止，寂而常照名观。”可见止观原是自性具足的功能，因此也是修心究竟的法则。但止观修法有深浅、顿渐、事理、偏圆的不同。像天台止观有渐次、不定、圆顿三种。释禅波罗密所说的是渐次止观，初缘实相，造景即中，无不真实，一心三观，圆融具足，初后不二，解行具顿。但摩柯止观文广镜细，初学和事忙的人，往往感到入手无从。

这里介绍一种简单、切要、便于下手的上乘观心方法。在初学下手时，应先结跏趺坐，然后一切放下，连放下也放下。善事、恶事，都不思量，合起两眼，细细返观自己的念头，那时定觉妄念忽生忽灭，来去不停。我只一味耐心观照，了知妄想无性，其体本空，既不随它流浪（不取），也不着意遣除（不舍）。这一妄念被自心所照，当下便湛寂不动，以致自然化于无形，但其他念头必继续生起，那时仍然照前法细细静看。这样，每日至少坐一次，每次至少坐半小时至一小时，能多坐、久坐更好。久久观照纯熟，妄念自能逐步稀少（由慧资定），同时觉照的力量也便逐步增强（由定发慧），渐渐看到一念不生，心源空寂。这时，虽无著无住，却了了觉知，便于般若自性相应。《华手说》经曰："汝等观是心，念念常生灭，如幻无所有，而得大果报。"

又，我们能观的智，即是般若（智慧），所观的境，即是无明，以般若熏手无明，无明便分分脱落，而消归于不自性，所以，观无明忘心，即是观自性清净心。以后不论行、住、坐、卧，就常常从这寂定的性体上起用观照，这叫作圆照觉相，也叫作正念真如。古德谓："如珠吐光，还照珠体。"由于觉照的时时在前，妄念起时，便能如片雪洪炉，才现即灭，即使有较强的习气现前，也自能有力把持，入于无碍。这样再继续前进，渐渐觉得自性本来清净，不必着意起照，入于妄照而终日未偿离照的地步。观心到这一阶段，不观而观，心即非心，语言道断，灵光独耀，可谓达至观心的极功了。

上面所说的观心，是圆顿法门，离心、意、识、无境可缘，直见本性，妙契实相。虽暂时摄念观照，也结般若姻缘，留菩提种子，何况精勤熏修。《楞伽经》说："依诸圣教，无有分别，独处闲静，观察自觉，不由它悟，离分别见，上上升进，入如来地。"《圆觉经》说："一切如来本起因地，皆依圆照清净觉相，永断无明，方成佛道。"《大乘心地观经》说："若能修习深妙观，惑业苦果无由起，惟观实相真如性，能所俱妄离诸见。"《大乘起信论》说："随顺观察，久习淳熟，其心得住，以心住故，渐渐猛利，随顺得入真如三昧，深伏烦恼，信心增长，速成不退。”这些都是此法的证明。不过休学的人在行持中，一须深信不惑，二须专精有恒，三须常与自己的习气奋斗，具备这三个条件，没有不成功的。

问：静坐与健康有什么关系？

答：为什么要学习静坐？通过我们心意拳内功在庙里（净觉寺）僧人中传播，他们身心得到健康、实惠，使他们改变了“拳与禅”的相互交融，他们深刻地体会到静坐对于佛、道家修炼者和俗家的男女老幼的健康都有帮助。首先静坐可使耐寒力（此庙在东北大庆高寒地区）和消化力增强，且使皮肤润泽，并有美容的功效。尤其是需要长期疗养的如肺痨、神经衰弱、心脏病、慢性肠胃病、风湿麻痹、关节酸痛病以及失眠等症的病人，他们每日愁眉苦脸，忧虑自己的前途与现状，越想越觉悲哀，结果使病情日见趋于严重。假使这些人能够学习静坐（净土宗以走代坐），精神凝敛，则心境日趋愉快，就足以增加对疾病的抵抗力，最后必然克服病魔，转弱为强、转危为安。

问：怎样掌握静坐的时间？

答：静坐的时间最好是在黎明之前，其次是在夜静时，一者不妨碍白天的劳动生产，二者初学静坐的人心神不容易宁静，反而容易为外界喧杂的声音所扰乱。因此，在早晚人声寂静的时候是比较适合的，或则醒来时坐一次再入睡亦可。静坐功夫纯熟后，对自己意志就会有极大的操纵力，虽然再在热闹如剧场中，亦能凝神默坐，不被外界事物所扰。一般来说，佛家或者道家都是掌握练功静坐在子（夜23点到凌晨1点）、丑（凌晨2点到3点）、寅（凌晨3点到5点）三个时辰；也有增加在卯（早晨5点到7点）、酉（下午5点到7点）两个时辰的，这要看修炼者的具体闲暇时间而定。

四、静坐时的调息功夫

上面已经说过，调和气息，是学习静坐下手的一项重要功夫，所以这一节很重要，我特别要讲一下。因为练习静坐，息不调和，心便不能安定，也就很难练出功夫。而所谓息，共可分为四种相状。

1. 风相：呼吸时凡气息出入有声，叫作风相。

2. 喘相：呼吸出入虽然气息无声，但结滞而不通利的叫作喘相。

3. 气相：呼吸出入虽然气息无声，也不结滞，但不能静息的叫作气相。

以上这三种都是不调和的相。

4. 息相：呼吸时既无声音，也不结滞，也不粗浮，虽在极静的时候，也不觉鼻息出入，气息若存若无的，叫作息相。息相方是调和的相、良好的相，也正是我们练功所需要的相。

凡平时能练习静细的呼吸，以及静坐已有相当时间、心念安定的人，一入坐，不数分钟，气息便得调和，而自己也不觉得有呼吸一回事。这样原不需要着意去调，否则反使心不安定，因为心念安定不动，气息便自然调和。但是初学静坐的人，每每不免有心烦意乱的时候和息不调和的情况。那么可以根据下列几种方法加以调和。

五、静坐时的数息

1. 静坐时的数息

就是在坐定以后，默数自己的呼吸次数。练功时一呼一吸叫一息。这样，我们在做功时或在入息时数一，出息时不计数，再入息数二，或在出息时数一，入息不计数，再出息数二。这样数至十，乃再从一数起，渐渐纯熟以后，可数至一百为一个单位。假如没有数到十或者一百，而中途心起杂念，那么就必须重新从第一数起。这样循环安详地徐徐而数，久久纯熟，便可使心息相依，身体有轻安的功效，并可消除初学静坐最易发生的杂念纷飞和昏昏欲睡的毛病。这一点，对于初学打坐的人很重要。

2. 静坐时的随息

学习上面所述的数息法纯熟后，息既虚凝，心念也渐入渐细，这时便可进一步放弃数息，而用随息的方法。就是在练功时不需要再计数，但一心依随息的出入，念兹在兹，心不散乱。这一方法纯熟后，渐观渐细，自觉此气息仿佛从身体八万四千毛孔中出入，好像云蒸雾散。如果能练到这一地步，便能身心空灵，诸病消除。

随息纯熟以后，心念更觉凝静，便可放弃随息功夫，更进一步来做好下面的调心功夫。

3. 静坐时思想—调心

静坐的目的，不但在于促使身体的健康，最重要的还在于求妄心的调伏，妄心调伏则智慧明朗，身体的健康尚是余事。

前面所说的数息、随息，虽是调息的方法，实际上也正是调心的良好方法。因为专心数息时，心息相依，念头便无法驰散。所以，在佛法上，教多散乱的终生，用数息观来对递。这里为了文字记述的方便，不得不将调身、调息、调心分别加以说明，而在实践时，原是同时进行而无法分开的。不过我们的思想纷纭杂乱，最难控制，数息、随息等，尚是初步的调心的方法，自有进一步由粗入细加以调伏的必要。关于调心方法如下。

4. 静坐时要系心一处法（心意合一）

人的意识，就像一座大舞台，各种各样的念头，就像众多的演员一样，忽来忽去，时时隐现在舞台上，没有顷刻的停止，而且显得非常的杂乱。所以欲使妄念不起，极为困难，不过，当我们心意所住的一点愈明显，那么其他妄念便渐渐消除。系心一处法（心意合一）就是放下一切杂念，而专心存想脐间丹田或鼻端，这样因心有所缘，渐渐纯熟，便不致再胡思乱想。

学静坐最易发生的有两种现象：一是初坐时心中浮散，支持不定；二是静坐时间稍久、妄念较少的时候，心中难免昏沉，容易产生瞌睡。只要用注意脐间的办法，不但可以对治散乱浮动，而且根据生理上的原定则，我们心念专注在什么地方，血液也必定集中在什么地方，系心脐间或者脐下下丹田，能够使血液下降，有治病健身的作用。至于整治昏沉的办法，最好注意鼻端，使心念向上，这样可以使精神振作，而且有助于调息。一般来说，在晚上静坐的时候，由于白天忙碌劳倦，最容易有昏睡现象，如果能够改成早晨静坐练功，便不会有这种现象发生。

六、静坐时的返照“内观法”

上面所说的系心方法，不过是集无数的妄念归于一处，使它不弛散，还是一种较浅的对治浮沉的止心办法。实际上，既有所着，仍不免会离攀缘妄想，不是究竟的安静。因此，对治得效之后，必须舍弃，再进一步地由浅入深，用内观的方法。这种“内观法”，也可以叫作内视术。我们平时的两眼，都注视着外界的事或者物，现在当你静坐的时候，可先放下身心一切万缘，将两眼合闭，来向内细细返照自己的念头，那时一定觉得妄念来来往往，生灭不停。对于这些妄念，我们既不要去攀缘它，也不要去遣除它，只要知道它本来是空寂的，耐心静静观照，甲念起时一返照，甲念便空，乙念起时再返照，乙念又空，这样念念返照，变得念念空净，这实际上就是正本清源的调心方法。

初学静坐的人，往往有这样一种感觉，“不学静坐，妄念尚少，一学静坐，妄念反而多了”。这是不正确的。要知道我们的念头忽生忽灭，本来很多，不过平时在动乱之中不易察觉，一旦练习静坐之后，方能了了看清。比如室内虽有飞尘，我们平常是看不见的，但是天亮后从门窗透入一缕阳光，即可清楚地见到光照中有尘埃纷纷飞舞。所以，能察觉妄念多的正是自觉的第一步，我们只要一切摒弃勿想，用坚定不移的毅力，精勤地练习观照功夫，相当时间以后，妄念便能自然消除而达到心意寂然的境地。这种观照功夫，若在静坐中练习纯熟、渐渐能在平时日用之间刻刻用心，凛然觉照，做到虽不静坐，也能如静坐时的心智静定，自然会觉得有更大的受用！

七、静坐与禅定

1. 佛家论静坐

静坐一法，佛法叫作禅定。禅定的种类很多，有四禅、四无量、四空等的世间禅，有九想、八背舍、九次第定等的出世间禅，以及自性禅、一切禅、清净禅等的出世间上上禅。总地说来，有深禅定，方有实质慧；有实质慧，才有自觉觉他，以致达到觉行究竟圆满的境地。

《佛经·大智度论》卷十七说：“问曰：菩萨法以

度一切终生为事，何以故闲坐林泽，静默山间，独善其身，弃舍终生？答曰：菩萨身虽然远离终生，心常不舍，静处求定，获得实质智慧一度一切，譬如服药，将身权息众务，气力平健，则修业如故。菩萨宴寂，亦复如是。”又说：“菩萨因此发大慈悲心，欲以长乐涅槃利益众生，此常乐涅槃，从实智慧生。实智慧从一心禅定生。譬如燃灯，灯虽能燃，放在大风中不能为用，必被大风吹灭。若将灯置于密室之中，室内无风，其灯的功用可以得到安全保障，散心中智慧，亦如是。若无禅定静室，虽有智慧，其用不全。得禅定则实智慧生。是以故，菩萨虽离终生，远在静处求得禅定，以禅定清净的缘故，智慧亦静。譬如油柱净故，其明亦净。已是故，欲得净智慧故，行持禅定。如果如此，若求世间净事，不能专心，则事业不成，何况甚深佛道而不用禅定。禅定名摄诸乱心。乱心虽然轻轻飘移不定，或者甚至超过鸿毛，驰飞散乱在空中飘移不停，也可能像驶过的疾风，不可制止，也有顽劣遽于猕猴，暂现又转灭，甚于飞驰的闪电。这样人的心相如是，不可禁止。如果要想制止，非练习禅定不能镇定。”

2. 入定的坐法

静坐要想很快入定，它的姿势，是把右足垫在左腿下，左足放在右腿上（这叫单盘，若是双盘，再把右足从下扳上，搁在左腿上。静坐不拘单、双盘都可以），左手放在右手上，手掌心向上安叠迭于小腿上。将身体前后摇动数次，吐出肺中浊气数口，空气由鼻子吸入，头须自然正直，忌僵硬。闭眼、合唇，舌舔上腭，鼻正对肚脐，肩部放松下垂勿耸起，背勿靠壁或依靠于他物之上，以免妨碍血液流动。

臀部用枕头之类垫高一二寸，不用亦可。注意睾丸勿使压住，裤带、袜带、领带扣之类都要解开，以宽适不脱落为适度。天气寒冷时腿以下要盖上毛毯等物，以免膝关节受风。

修定的方法可分作三步来实施：

（1）数息

鼻中的一呼一吸叫作息，静坐入手的功夫就是调息，呼吸必须要细长深远，用意将气引至脐下，出入绵绵，忌迫促或者有声。息调顺了以后，就可开始数息。《法观经》说："佛法初门，即数息观，以时间人皆贪著身，未能于身守意，心多散乱，故佛法初门，数修数息观。"《解脱道论》说："数息是师尊所称赞叹。"它的修法是初入坐时可数自己的呼吸，呼吸一次就计一个数，从呼计数也可以，从吸计数也可以，从一数至十，数完了，再从头由一数去。

（2）袭心脐下

静坐经过相当时间的数息之后，思虑逐渐渐趋恬静，这时可以放弃数息，将注意力集中于脐下小腹丹田处，眼睛虽然闭着，但眼光须内视小腹。智者大师《释禅波罗密法门》说："若系心脐下，脐是气海，系心在脐能除众病。"其原因是注意脐下，深长细远的呼吸，不但有强健肺部的功能，并且具有宁静神经的作用。智者大师又说："下著安心（即是系心脐下）令息微微然，息调则众患不生，其心易定。"这是心息相依。其法存心于听息之出入，但不是有声可听，一有声息就粗浮，当耐心潜神地轻轻倾听若存若亡的息，这样一来，就愈微愈静。

（3）凝心

静坐时注意脐下，使心息相依，倘心系不忘，就不能入定。心息相依经过一个时期，心便凝然。智者大师说："当凝其心，息诸乱想，即是休止，名凝心至。"怎样凝法呢？只须应用一个"呆"字，一呆呆住，什么都不想，这就是凝心。这样渐渐地不觉有手，不觉有身，并不觉有我，但见闻仍然了了，这是定相初现，从此进入于心息两忘的境界，就是入定。入定的境界，乃是自然地随着功夫的进程到达的，切勿存心求定，一有存定心，就不能得定，而且反应求定的一念，会引起其他妄想杂念来，因为求定这个念头就是妄想。

以上所说的修定三个阶段，并不是机械地排定次序的，倘静坐功夫纯熟。一入坐便可系心脐下，可把数息这个阶段取消。

坐毕出定，将起时，先想气从全身毛孔放出，须放数次。倘不做这种观想，下次坐视就会感到身心烦躁不安，这点不可忽略。气放出后，可摇动身体，屈伸两臂，再用两手掌互相摩擦，使手掌发热，搓两眼，然后放足，以手按摩足部，缓缓起立。

八、静坐与止观

1. 什么是止观？

止观的问题是这样：人体的修炼有形、气、神三个层次，首先要筑基，这也是内功或者其他如丹道的筑基功。第一，先要在修炼形体这个层次上开始。意到气到，所以要保持身体正直，意念和动作均要轻而柔，不可用蛮力，不要求速度，注意开合。第二，注意呼吸时的深、细、长、匀，也就是调息。但是一定要注意呼吸要降到肚脐（下丹田），并且要注意两目之间的祖窍穴（即上丹田）、肛门前后的会阴穴和肚脐下面部位的丹田穴，这些地方都是炼功和炼丹的秘窍。练功者的双眼就是阳火。只要将两眼内视这些地方，就可以起火炼丹，而这些地方会产生热、力、光的反应。因为人一生下来是以肚脐和母体相连，下丹田正好就在脐下，自然会产生身心相互作用，用眼光（阳火）内照丹田穴（肚脐下），这样，在适当的火候就会产生放热反应，久而久之，就会形成以肚脐为中心的原始状态即星云般的旋转之物，沉甸甸地像“铅”，这就是“炁”，也就是人体的真气。如果如此“凝神入气穴”，不断地“积精累气”，后天变先天，只会有内丹功。如果再继续“止念”，就可以由止念而达到炼神的初步功夫。道家吕纯阳说道：“大道叫人先止念，念头不止亦枉然。”从这里可以知道，止念是练神的入手功夫。综上所述，练功者坚持意守丹田，再注意调身、调息、调心，松静自然，必然会收到不同层次的健身效果。但是如果没有老师的指导，不懂得真气的运行，一旦功夫加深，也可能会出现气冲头部，出现如戴紧箍、有泰山压顶的感觉。如果盲目地仿效佛、道二教的理论去指导学员长时间静坐，虽也能激发出深层次心灵能量，但是如果不懂调节法诀，结果可能出现精神反常现象。内功养丹的基本要素，是将人体三大生命要素精、气、神作为练丹的原料（药物），这些药物可以按照后天、先天等不同层次分为阴性和阳性物质，再以人体的某些生命敏感部位（如丹田等）作为生理反应器皿（鼎炉），从调谐呼吸和意念入手，在鼎炉中练养阴阳，由此激发出热、力、光等生理和心理效应。通过“回风混合”白日功灵，在下丹田为中心的小腹部产生可以觉察到的热量，我们称之为“起火”，这种天然真火的药物在鼎炉中产生放热的生理反应，会反映到中丹田和上丹田，烧炼时还有力和光的效应，即“光合反应”，同时使人体的生理和心理建立起新的信息码编码程序。起火练丹后，肚脐丹田反应温度最高，有腹热如汤煮的效应，我们也称作“真火种”。如果修了多年没有反应，内功修炼只有首先调息，注意息行意行。

心息相依，耐心在下丹田作功夫，才能找准感觉，然后跟着感觉走，步步奔虚无。一步有一步的效验，如此能保持“炎炎赫赫长红”，便由气功进入丹功的境界，先天的精、气、神生成，才能转化药物，产生自动转河车运药的内丹周天的功夫。

2. 关于调心

人身本来就有贪心、邪心、私心等，因此，养心对于修炼就更加重要。心意拳要求“心意合一”，这就是身心并养。然而，修炼必须要养心，养心就是重视心理养生。人类的活动，心理活动直接影响生理活动，心理状态好，心情就好，人体的生理功能就会处于最佳状态，反之人体的生理功能就会随之下降，久而久之，就会引发多种疾病。善良、乐观、淡薄名利都有助于延年益寿。病由心生，因此，强调心理养生是彻底解决身心健康的关键。心意拳也非常强调调心的修炼，显然是符合现代科学的。世界卫生组织给健康作了这样一个定义：一种身体上的、心理上的、社会上的完美状态，不仅仅是身体没有疾病和虚弱状态，也就是说“健康人体在身体、心理、社会的有机结合统一”，身心健康才是真正的健康。古人提出心有人心、道心的区别：人心是后天的私欲，道心是指先天本性。人刚出世，体内真气旺盛，也很少有私心，随着年龄的增长，社会影响和私欲的增加，体内的真气逐渐消耗而减弱，这时就需要养生了。养生功夫就在于化后天之气为先天真气，以达到延年益寿的目的。

3. 养心的方法

心意拳内功的养心，是真正的养心，它在动意的一霎那就要求“心与意合，意与气合，气与力合”。平常的练功只是要求清心寡欲、持精不泄为原则。《礼记·大学》中说道：“定而后能静，静而后能安，安而后能虑，虑而后能得。”而《心意拳谱》曰：“立法与平素一样：头顶天，足抓地；先定心，心定神宁心安；心安清净无物；无物气心，气心绝象；绝象觉明，觉明心气神相通，万气归根合成一气。”特别是入定功夫深时，不但能显发特异功能，而且能开发智慧。这就是心意拳内功为什么比别的修炼功夫来得快的原因之一。

九、妇女（坤道）修炼基础指秘

几千年来，由于封建统治，以前中国长期是男权占主导地位的国家，所以，在历史上遗留下来的修炼大多是男人的事。我1960年到虚家庙里投师，第一个师父就是一位龙门派“教”字辈的坤道士，故我在早期接受的道家修炼教育中，是女人修炼的功法理论比较多一些。

现在社会变了，妇女已经被解放出来，自己当家作主，特别是参加工作的妇女，她们退休以后，参加锻炼的机会就比较多了，但她们进行修炼的手段都比较贫乏。为了改变这一现象，我将早期师父对我的教育和修炼的功法与理论回忆整理记录下来，奉献给大家，特别是妇女同志。今天，将这些理论和指导思想介绍出来，希望改变一下坤道修炼，少走弯路，也希望有更多的妇女从家庭中解放出来，多参加锻炼，多一些修炼，使她们多一些健康和幸福。

女功修炼，道家多有分派，其中有邱长春的龙门派（我也是龙门派弟子），有郝太古的“华山派”、孙不二的“清净派”，还有如北派王重阳、南派张紫阳、东派陆潜虚、西派李涵虚等。我这里主要介绍的是综合性的理论。当然，我们也可以从吕纯阳的功法书籍中见到，历史上虽然派系很多，在当时其功法不外乎“调和巽艮”“养阴”“肌肉充盈”“内视”“房中术”“素女玄经”等。

还是从心意拳谈起。心意拳历来也是传男不传女，所以，在古代大多是男儿练习，女子在内功功法中难以见到，内功修炼那就更不用谈了。但是现在是新社会了，男人能办到的事情，女人一样能够办到。上海心意拳健康老人王多风为我们作出了榜样。她是解兴帮（我的心意拳老师）的小孩姨娘，50岁才开始跟解兴帮老师学习心意拳，2008年5月3日第9届上海国际心意拳武术邀请赛上，她已经是91岁的老人了，还能在会场上练习马形（心意拳中马形刚劲较大），为我们后人修炼心意拳内功树立了榜样和信心。因此，为了心意拳能给更多的人健康、幸福，我们也遵循老一辈的精神，将心意拳的内功和大家一起进行研究，希望能够造福后人。

女子内功修炼，道家多有分派。我主要介绍的是龙门派的修炼（也参照山西中条山的中条老母派），并结合道家吕纯阳“内视术”“房中术”“素女玄经”等，就女子内功修炼各种问题释疑解惑。

《黄帝内经》是我国历史最早、也最具权威的有关养生和治病的指导书籍，现代人也多有研究。《黄帝内经》中《素问·上古天真论》中，黄帝问："人年老而无子，才力尽也？将天数然也？"岐伯说："女子七岁，肾气盛，齿更发长；二七而天葵至，任脉通，太冲脉盛，月事以时下，故有子；三七盛气平均；故真牙生而长极；四七筋骨坚，发长极，身体盛壮；五七阳明脉衰，面始焦，发始衰；六七三阳脉于上，面皆焦；发始白；七七任脉虚，太冲脉衰少，天癸碣，地道不通，故形坏而无子也。"

黄帝问："有其年老而有子者何也？"

岐伯曰："此其天寿过度，气脉常通，而肾气有余也。"

黄帝曰："夫道者年皆百数，能有子乎？"

岐伯曰："夫道者能却老而全形，身年虽寿，能生子也。"这里意思是说，修道之人能够挽回此造化之机。也说明修炼确实能够延缓衰老，化老朽为神奇。

从以上黄帝和岐伯的问答中我们可以清楚地知道，人的修炼能够顺应则生，逆则成仙。女子的生理情况虽然和男人不一样，但是只要修道，一样可以改变生理状态。

问：初入手行功，男女是否相同？

答：依照内功修道中最为超妙的方法而论，初步修为（比如筑基），男女是一样的修炼功夫。做到后来，逐渐发生分异，这是由于男女生理状态不同的缘故，乃是出于天然，并非由于人为。

问：男女修炼有何差别？

答：从内功修炼的角度来说，并没有什么差别，只是女子好静，男子好动。有志修炼的女同志一样能够修炼成功，切不要有重男轻女的思想。

问：为什么有许多人并不懂女子修炼？

答：这是男女的生理不同，而女子在修炼中遇到问题有人不好启齿，所以造成多人不懂如何进行女子修炼。

问：女子的阳在哪里？

答：女子内炁上升到两乳之间，而童女乳房没有发育，是阳气没有生长的缘故，所以她们的内炁是在体内敛伏的。可是到了十几岁以后，乳房逐渐长大，是阳气在起主导作用。因此，女人的修炼，其阳在两乳，道家修炼叫“擒白虎”。

问：女子修炼从哪里做起？

答：首先要养真，就是平日在静坐修炼之时，必须要从血海中运动气机。气机是真意元神自己作主。这里还有一个神机运动的问题，就是平心静气，调息凝神，使心火下注，五脏之气升腾上升，口乃会生出津液。

问： 女子如何修炼“升降”？

答： 这是河车之法，接近古人的导引之术，既不是听其自然，也不是强迫致之，但以神意运行而为。这种神意运行是以意灵动蕴即可。人之神意，无处不到，所以能够运用自如。乃是气动之时，要顺其势而先动。

问： 女子修炼津怎样可以化气？

答： 正当做功之时，自觉周身清畅，头目爽快，腹中暖气如火，腾腾而上，口中津清如水，源源而生，是即津化为气之内景，舒适非常。初学练功，不可能马上到此境界，但是不必着急，一切要从自然中来。

问： 女子修炼什么是“擒白虎”？怎样运作？

答： 练功者用自己的两手运两乳，回转36次，转毕以两手捧至中间。捧到中间是用两手捧住双乳，使其紧靠收缩如球，不令下垂如袋。而且捧住右乳使其向左，捧住左乳使其向右，不让两乳偏向两边。这时自己的神意，应当默注于两乳之间的中丹田部位。回转36次，是用手将两乳头及乳囊轻轻揉转36次，此法乃是命功之中的有为法。童贞女子不需要这样做。

问：用两手运两乳，回转36次，转毕，以两手捧至中间。两乳是固定的位置，怎么能够转移？又是如何转发？怎么才能捧到中间来呢？

答：“捧到中间”的意思，是用两手捧住双乳，使其紧靠收缩如球，不令下垂如袋，而且捧住右乳使其向左，捧住左乳使其向右，不让双乳偏向两边。这时自己的神意，应当默注于两乳中间的中丹田部位。”“回转三十六”，是说用手将两乳头及乳囊轻轻揉转36次，不是说将乳的底盘转移，因为底盘是固定的位置，不能改变。此法乃系命功之中的有为法，童贞女子不需要这样。

问：女子修炼何为“斩赤龙”？是不是停止月经？

答：是炼断月经。老年妇女，非要重新炼出月经，然后再斩断才行。

问：斩断赤龙之后，还能再来吗？

答：斩断赤龙之后，如要还想回到人道，则停止用功，自然退回到正常女子的状态。有的女子用功之后，稍一懈怠，也有反复回来的现象，都是一个道理。有的女子很害怕。以为月经炼断之后，就和别的女子不一样，担心反而不好，其实大可不必为此顾虑。功夫之进步消长，全在我之心意掌握，又有何忧？

这里有一个应该注意的问题是，有些爱美的女子，不需要如此，也不要修炼，因为，爱美和修炼有相互矛盾的地方。因为挺胸凸臀是一种人为的所谓“美”，那不是修炼家的观点。

问：女子修炼出定之后，饮食衣服，随心所欲，是不是随着自己的爱好和喜欢，选择吃穿所需？又说“处处防危险”，是不是防备意外的惊吓和干扰？

答：随心所欲的意思，并不是说随心穿衣吃饭，这本来就无所谓爱好和喜欢如果有了爱好和喜欢，就有了贪恋之情，就不能入定了。防危险不是一种，所以才说“处处要防止危险”，惊吓、干扰都是危险，也在其中，也应该防备。入定之时，需要有人日夜轮流看守（道家修炼，不分男女，要有人在旁边护持，也叫作“护法”）。所以，修炼的人必须要结成伴修炼才行，这样在修炼或者生活中有个照应。

问：女子修炼最初下手之时，应当守何部位为宜？

答：女子修炼应当以守中为上乘。这个“中”，是神气合一之中，不是中宫之中；是内外感应之中，不是执著一身之中。至于女命相关之海底、中宫、乳房等部位，并非不可以意守，但是不可死守，妙在有意无意之间，绵绵若存，勿忘勿助。但执著一处死守之，则不合乎大道。

问：“斩赤龙”每天需要几个小时？

答：每天以4次为宜。每次2小时，共计8小时。一般说来，进步快速者半年时间可以斩断，慢者则要一年。斩断赤龙以后功夫可以暂时告一段落。如果不愿意做下去，可以随意休息几年，也没有妨碍。但是一定要保守得好，否则赤龙斩断，还可能反复，那样又要重费功夫。

问：修炼女功是否要吃素？

答：修炼期间，最好吃素，但不宜过于清淡。素食中蘑菇、竹笋、鲜菌之类，易于发病，应当戒绝。这一点我派与别家的修炼稍有不同。味精、调味粉、酱油之类，皆不宜食。肉食可以吃鸡、鸭、鱼、蛋类（指没有出家入道之人，修炼者一旦入道，则必须遵守不得吃荤茹素），其他肉类少吃为好。有的女子只吃水果、青菜，不吃五谷杂粮，既可以保持身材苗条，又可以减肥，还可以美容驻颜，使皮肤细嫩光洁，完全适用于清净修炼的女子。从事内丹修炼为什么一定要吃素？按照出家修持的戒律，一定要吃素。按照营养学的观点，也可以不一定吃素。有时只吃素反而不一定好。行内功丹道功夫的人身上重要的是要多积轻灵之气，少存秽浊之气为妙，因此，最好多吃素。吃素的人常常喜欢吃蘑菇、竹笋、味精等鲜味之品，但是对于炼气最不相应，应吃淡而无味的饭菜，浓茶也不应多饮，盐类、胡椒、辣椒之类的食物也不宜多吃。现在生活水平提高了，但正是这样更应该坚持“少荤多素”的原则，比较利于身体的健康，而且与内功丹道功的修炼不相妨碍。吃肉难以得道。只有习静服气或是食仙草灵药者，方能益寿延年。我的一位师傅患癌症，不愿意吃营养品，甚至连牛奶都不喝，60多岁就去世了；而另一位王师傅，平素吃素，也偶尔吃一点鸡蛋之类的，结果活了80多岁。所以，我们并不主张光吃清淡，一点荤都不能吃，要辩证地对待生活中的饭食菜蔬。

问：女子内功修炼者，怎样对待房事？

答：举例：孙不二修炼时，曾经劝说丈夫马丹阳，二人分房修炼。对此我们可以效仿。房事无度，会损伤身体，要有节制。普通修炼的人不可能完全杜绝房事，但是不可纵欲而伤身。

问：结婚对于内功修道做功有妨碍吗？炼内功修道是否应当断绝房事？

答：结婚对于内功修道是有妨碍的，这是道家北派做清净功夫的普遍看法。他们要把阳关（精路）彻底切断，不容漏泻，然后将人生之种子保留在自己身中，作为修炼内丹的药物。如果结婚，男女就有交合，必然不可避免，精路一开，顺流而下，丹基倾覆，则修炼无功。所以，他们认为，结婚对于修炼内丹大有妨碍。

但是，男婚女嫁，乃社会人伦之必然，阴阳相交，亦天道运化之正规。修行法门，师法自然，不一定非要禁绝夫妇之道。有的人，生来根器与众不同，情欲之念甚为淡薄，则完全断绝房事也未偿不可。设若欲念颇深，难以克制，也可以用种种方法使欲念渐渐淡薄，而后达到自然无欲的境界，千万不要实行强制，违背人情，造成流弊，妨害功修。

问：女子做内功修炼是否应该注意室内空气和阳光？

答：练功的地方应该空气十分清新，不可有灰尘和烟煤以及晦污气味等；室内空气应当流通，门窗不可关闭太紧，也应当注意不要让风直接吹到练功者的身上。静室之中阳光不宜太大，光线太明，即阳气太强，容易使人产生杂念；光线太黑，阴气太重，练功的人容易进入昏睡状态。所以，室内练功的地方可稍显阴暗，能使精神容易如入安定。如果需要阳光，可以在做功之外，专门摄受阳光即可。

问：做功的时间应该怎样掌握？

答：有些有为的方法，是要准确按照时辰练功夫的。如果修炼的是上乘法门，可以不必限定时间，每天12个时辰能做4个时辰已经满足，时间太长，恐怕容易产生厌倦感觉，这样反给自己制造障碍。注意，身体疲乏欲睡或者情绪冲动之时，皆不相宜。

女子内功功夫可以分成几等？

答：大致可以分成三等。上等功夫，不使身中清气变化经血，而且月经血水自然断绝。中等功夫，要在月经血水之中提炼生气，而且月经渐渐减少，最终达到断绝。下等功夫，不得名师传授，又不肯虚心访师问道，仅凭看几本丹经书籍或者教材，便照书或者教材用心去做，虽然也可以取得一点效验，但是做不到斩断赤龙。还有更下一等，既不得口诀，又不愿看书，仅凭道听途说的下乘功夫，盲修瞎炼，走火入魔，修功未进，身先受害。

问：如做“斩赤龙”的功夫，每天应当用功几个小时？需要多少时间才能完全斩绝？赤龙斩绝之后，应当再练何种功夫？中间是否还有段落？

答：如果条件具备，正式练此等功夫，每天应当以4次为宜，每次应该做2个小时，共计8个小时，也就是4个时辰。这样，一般说来，进功快者半年可以斩断，进功慢者一年可以斩断。斩断之后，自然还有更进一步的功夫。初学的人，还谈不到这些，只是斩断赤龙之后，暂时可以告一段落。如果不愿继续做下去，随意休息几年，也没有妨害。但是一定要保守得好，否则赤龙斩断还可能反复，那样又要多费时间再从头练功夫。

问：斩断赤龙以后如何练功？

答：此乃内功道法修炼进入深层次的问题，难以纸上谈兵。此时只有“抱一守中”四字可言。赤龙斩断以后，正好继续练这种功夫。所谓“抱一”，就是“心意相依，神气合一”而不分离的意思；所谓“守中”，就是在神气合一之后，浑然打定于中宫，恢复还原至未有天地之前的混沌状态。这是最上乘的内功修道之法，有利无弊。如果修炼者真的能做到极深极妙的程度，可以说是不可思议。区区肉体上会产生的层层变化，可谓不成问题，若万一出现某些问题，可以再求名师指授。

第七章　答读者——心意拳的内功修炼

一、关于内功（上）

拙作《心意拳》一书出版以后，受到广大读者的喜爱，许多读者也提出来一些问题要求解答，本人也愿意与大家交流。现就《心意拳》中“内功功法”的问题解答如下。

问：为什么心意拳内功首重丹田功？

答：丹田功就是培植先天真阳之气的功法。人出生之前在母体中赖以成活的唯一方法，就是用肚脐从母体中吸取营养而维持生命的。离开母体以后，随着年龄的增长，人受到外界环境的影响，如吸烟、喝酒、吃荤腥以及带有污染的食物等，就会造成人的先天灵性泯灭，人的先天真精元阳之气也会逐渐减少，一到风烛残年时，身体垮了，病魔缠身，苦不堪言。此时气在三寸喉间（气管），一口气不来，人就如耗尽油的灯一样灭（死）了。人的老化是由于不运动、不养生修炼造成的，所以，加强体育锻炼，加强内功修炼特别是丹田功的修炼，正是像疏通淤塞的河道一样，疏通经脉、清洁血管，特别是练通周天、前任后督气通以后，真阳气通，劲蓄力足，不但百病消除，还能练成上乘武功。进入由练武入道的境界。

问：为什么叫丹田功？

答：心意拳内功不光叫“丹田功”，也可叫“周天功”，或者叫“得真法”。有的人又把此功叫十六把气功、坐功、卧功、站功、内功四经、盘贯根八法等。但我们这一派则专练此丹田功，以培植先天元气，扶持真阳；当练到气满全身、全身鼓荡、上下丹田气充时，则拳无拳，意无意，无意之中有真意，即可达心意拳的上乘境界。拳谱上说：“精养灵根气养神，元阳不走得其真，丹田养成千日宝，万两黄金不与人。”说明丹田功在心意拳中的重要。因丹田是人的元气之所在，练功者多修炼此处，所以叫丹田功。

问：练丹田功先从哪里入手？

答：首先认清三大经。按中华医学学说，人身有十二经脉和奇经八脉。我们为什么要认识三大经？是哪三大经呢？

（1）督脉。督脉是奇经八脉之一，起于尾闾骨端、长强穴后的会阴部，上循脊柱至脑后凹陷中的风府穴，进入脑内，再上巅顶，沿额下行至鼻柱。因为此经在人身的背后，“督”含有总督全身的意思，“督乃阳脉之海”，“督脉督一身之阳”，一身之阳脉皆会于督脉。

（2）任脉。任脉也是奇经八脉之一，起于中极之下的会阴部，再上出毛际的深部，沿腹内上过关元穴到咽喉，再上至颌下，走面部深入眼内。此经在人的前面，“任”有担任的意思，“任脉为阴脉之海”“任脉任一身之阴”，全身阴经皆会于任脉。

此两脉在人的一前一后，一阴一阳，此两脉通，则形成一周天通。

（3）带脉。带脉也是奇经八脉之一，起于胁下，环绕身躯腰腹部一周，像人的束带一样把人束住。

认识这三大脉以后，能打通任督脉，即小周天通。我们练心意拳丹田功，即先从我介绍的功法逐一演练。虽然此功不长出偏，但为能适应东西南北中的各种人的环境、气候、人体等不同，所以还是要按照我介绍的步骤练。

问： 每次练习一式还是八式一次练完？

答： 按我多年锻炼的经验，每次首先练抱丹田，其次再练晃丹田，时间、次数不限。练多练少均可，但每次不能少于36下，时间约20分钟，否则不出功。若时间宽裕，也可以一次八式全部练完；如时间少，可只练其中一两式。这要视自己的时间自己把握。

问： 抱丹田每次站多久？怎样收势？

答： 抱丹田一法主要是人与天（大自然）进行有益的交流活动。人每天迫于生计而匆匆忙忙，思想紧张，肢体疲乏，这就是平常所说会产生一种乏力、僵力。所以在紧张之余，去到河边、湖沿或者山林树丛中放松一下思想，舒展一下肢体筋骨，吸进一些新鲜空气，这叫“吐故纳新”。这就是抱丹田功。每次抱丹田的时间是以思想达到放松，似想非想，一切皆空，也就是心情舒畅，不再紧张、不再焦虑即好。

此动作不要收势。经过思想净化，肢体放松，此动作就是一元复始的开始，再练其他几式，即可练功出效。

问： 转丹田要求自左向右，是顺时针还是逆时针？

答： 男女有别。男性是以丹田为中心，自左向下，然后再向右上，再往左转，是顺时针方向转，转36下。女性相反（因为练心意内功的女性很少），应自左向右，从上往下，再往左上，是逆时针方向，只做32下即可。

问：晃丹田怎样转法?

答：其实只要掌握了男左女右的原理，我想练心意拳的朋友都可想通。功法中已介绍“意守丹田”，以丹田为圆中心，以腰部带动自左向前再向右晃动。这种晃动应是以意领气，以气引导带动身体晃，腰部带有螺旋力的意境。这种晃动主要是锻炼人的带脉。

问：揉丹田怎么揉?轻重怎样掌握?

答：两手虎口张开，形成一个自然圆，两掌虎口相对地放在丹田两旁，此时丹田穴正好在两虎口的圆中；两掌要贴身，但不能按死，而是轻轻地贴身。做圆形转动时动作也要轻柔，自左向右，路线也是自左向下再向右，是顺时针方向，但两掌虎口圆不能转到丹田穴的外面去。

问：击丹田的轻重怎样掌握?

答：心意拳内功功法从第五式开始，一般是内功有了一定的基础或者一定的功力后才练的。两臂往后如鸟展翅，要尽力后展，两手心向上，除拇指外其余四指尽量往后翻。两掌回落攥拳击打腹部丹田时，一般是功力小时用力轻一些，功深时可用力大一些。这要视每人的体质和内功功力而掌握。

问： 折丹田应做多少次，是否也要36次？

答： 此式在心意拳中既是内功也是技击动作之一，所以，折丹田应多练，多练多出功，不能只局限36次。此式如用在技击上，前扑时两掌心均向前，每掌五指揸开向前，左掌从右掌上前穿，右掌经左肘下捋回，左手掌一直扑到左膝前处，也叫“以首磕碑”，安徽心意六合拳也叫“老和尚撞金钟”。右势同前，唯动作相反。

问： 搓丹田要注意什么？

答： 搓丹田不管蹲坐势还是下蹲势，均两手相合，但凳坐势两手向前搓时像搓绳一样，此势是手胫相摩。人的两手均有太阳、阳明、少阳、太阴、少阴、厥阴六经，搓其掌可以疏通此六经，其功仍在丹田部。下蹲势也同。

问： 喷丹田应怎样做？

答： 喷丹田也是“婴儿击食”技击动作之一，属鹰形，“婴”与“鹰”同音。两手在胸前交叉时吸气，一齐向前猛然推出时呼气。向前推击时两掌分开，均五指揸开，掌心向前，两大拇指相距约半尺到八寸。此式因为也是击人动作，叫作“婴儿击食”，所以两掌出掌要依对方的身型而定。

问：提丹田左右手高举，两足尖踮起，该怎样呼吸？

答：此势不管左右手哪手举起或足尖踮起，都要有恨天无柄、恨地无环之劲意。即手往上高举时，就像地下有个环被我握住，能把大地拎起来一样；手往下就像天上有个柄被我抓住，打坠劲能把天拽下来一样。这就是心意拳的“恨天无把”“恨地无环”的两把劲意动作，当手高举时吸气，打坠落时呼气。这个动作，一般练心意拳的人要多练，多练多出功。就像李元霸以锤击天，练的是抖绝力；锤从天上掉下来，又要接住，要有顺势坠落劲。

问：八式做完后是否要收势？怎样收势？

答：关于内功功法的几个动作，如果光做前四个动作，则不要收势，做完以后即可结束而从事其他工作。唯从第五式“击丹田”开始，练完后要打“决断”或者“虎扑”，并发一声“噫”，这就是雷声。人就像一台机器一样，每天锻炼，运气就是要把身体修炼好，不然一旦元气耗尽，就像一台坏了的机器一样无用了。所以，锻炼身体就是一种无形的储蓄，是储蓄人的机能、生命，保持人的体能，延长人的寿命，以达到天人合一、延年益寿这样一个目的。

二、关于内功（下）

拙作《心意拳》一书出版发行以后，受到很多读者的欢迎，其中特别是“心意拳内功功法”中关于“搓把”的文字发表以后，一石激起千层浪，还有不少热心读者来信询问相关问题，其中关于“搓丹田”这一功法的问题询问者较多，为了对读者负责，现将“搓丹田”再作一说明。

首先需要强调的是，心意拳是中华武术中很优秀的拳种，它受中华传统文明文化的影响，是以中国武术文化的独有的理论为指导的。心意拳动作架势有高、中、低三盘架子之分，每招每势都有阴阳、动静、虚实、进退、攻守、顾打等含义在内。老师在教徒时是按学练者的体型、个头、胖瘦而因人施教的。如学武者是大个子，老师就教“劈意”，这是由上而下的练法；如学武者是个小个子，老师就教你“钻意”，这是由下往上的练法。所以我们不能片面地说一位老师教的两人“竟有如此的不同”。因为心意拳每招每势既有劈意也有钻意。

我们知道，科学地对待一件事，不光是要看他的外表，更重要的是看它的内在实质。这才是科学地看待问题的方法。

我介绍的“搓丹田”中有“取一木凳坐下”，这是坐势练法。有人说“搓把”站的是“矮势桩”，这是站势练法。其实这只是两种形的不同。站和坐虽然形体不同，但是实质是一样的。我在《心意拳》一书中介绍的是站势，我的《心意拳真谛》中介绍的是坐势。站和坐只是“形”的不同！关键是“站练”也要“左掌顺腰胯转动紧贴左肋向后抽动，同时右掌从右胯斜着穿过小腹前向左腿胯际移动，呈右肩前领势”。这就是心意拳的“合式”搓法。这种合式也就是裹劲，内含展放劲，然后“往下用力搓去”。我的文章中说“取一木凳，随意坐下”。无论站势还是坐势练习，身体均要放松自然，是要“两掌相合，向前向下斜搓去，直到手不能伸时，呼气；不能再伸时一定是身体与臂、手一齐下搓去，这时丹田自会感到吃力。然后手回抽，吸气，气贯丹田”。关键是“搓丹田”一定要“气贯丹田”，如不能“气贯丹田”，我想不管是“搓”还是“抽”，都是一种类似体操的运动。这才是关键，这才是本质，这才是目的。

两掌“一搓一抽”并且搓去呼气，回抽吸气，气贯丹田。意在下丹田固力，以丹田吃力为恰到好处。一个是有木凳，一个是没有木凳，但不管怎样，心意拳是要求练形炼意要“神似而不求形似”，故站势是“臀下有凳若无凳，臀下无凳若有凳”，唯一搓一抽在练丹田为要。

我在《心意拳》和《心意拳真谛》两本书中所介绍的功法是普及型功法，它能适合不同层次的人学练，并且这套功法行、立、坐、卧都可以练。如揉丹田，既可以站练，又可以坐练，还可以睡床上练。又如“喷丹田”是站着练；“折丹田”就可以走着练，如果在夜晚，你走十里路，你就可以练十里路的折丹田。心意拳讲究一势精，百势精，这就要靠学者的自悟了。心意拳是一门艺术，它更是文化，是要讲科学的。这些功法是几百年来心意拳先辈们不断补充、不断完善，认真总结出来的集体智慧的结晶。

后 记

心意拳是一种很好的拳术，是我国武术百花园中一朵奇葩，被很多人称为“内家拳之鼻祖”。我个人认为它是中华武术文明文化的很好表现。能很好地继承，学好、学会，弄懂、弄通，理解并融汇贯通实不容易。对于中华武术，首先是要继承，继承它的理论、套路、内涵；继承它的运气、发力、技击；要保持它的原貌。真的练好了，那时再发扬光大。

这部书稿是我在修炼心意拳内功的过程中，不断地与道家、佛家的朋友学习、交流，所以才能写出来。因此，本人愿意与有缘之人结缘，欢迎就修炼中出现的问题进行有益的交流。

最后有几句话讲给大家，算是修炼的口诀吧。希望大家能够记住：

一轮红日照青松；不惧寒暑去练功；

练习七把丹田功，感觉每天都轻松。

快快乐乐每一天，抛却烦恼即神仙；

不问红尘万千事，真心修炼返本原。

祝愿诸君能在此书中找到适合你的养生练功方法，用之健身强身，以期达到延年长寿的目的。我愿足矣！

通讯地址：安徽省蚌埠市工农路丽都园63栋3单元502号

邮政编码：233000

手机13855281602

编著于2017年1月